Ute & Tilman Michalski
Wie der Wind geschwind…

Jahn

Ute & Tilman Michalski

Wie der Wind geschwind...

Ich bin der Bastel. Alle nennen mich so, weil ich so gerne bastle

Spielen und Basteln mit Wind und Wasser ab 5 Jahren

Otto Maier Ravensburg

2 3 4 5   92 91 90 89 88

© 1988 by Ravensburger Buchverlag Otto Maier GmbH
Alle Rechte, auch die des auszugsweisen Nachdrucks,
der fotomechanischen Wiedergabe und der Übersetzung
vorbehalten.
Umschlagfoto und Umschlaggestaltung: Tilman Michalski
Redaktion: Gisela Walter
Printed in Italy
ISBN 3-473-37484-9

Inhalt

...gleich geht's los! Ich muß nur noch mein Werkzeug packen...

...fertig... los!

BASTEL

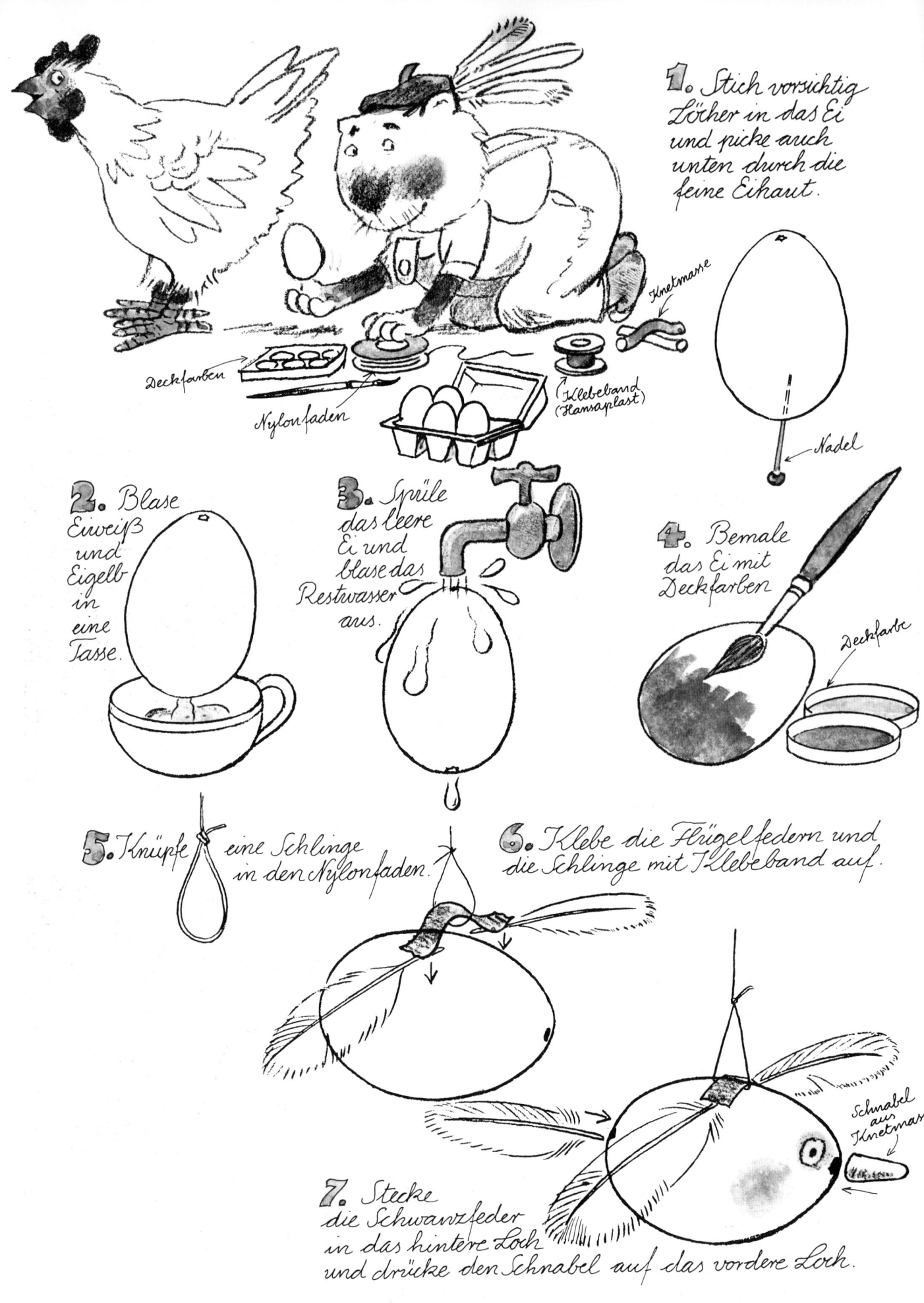

1. Stich vorsichtig Löcher in das Ei und picke auch unten durch die feine Eihaut.

Deckfarben

Nylonfaden

Knetmasse

(Klebeband (Hansaplast))

Nadel

2. Blase Eiweiß und Eigelb in eine Tasse.

3. Spüle das leere Ei und blase das Restwasser aus.

4. Bemale das Ei mit Deckfarben

Deckfarbe

5. Knüpfe eine Schlinge in den Nylonfaden.

6. Klebe die Flügelfedern und die Schlinge mit Klebeband auf.

Schnabel aus Knetmasse

7. Stecke die Schwanzfeder in das hintere Loch und drücke den Schnabel auf das vordere Loch.

Windeier

Emma, Franz und Paula Meise
machen einen Erkundungsflug
in den Holunder. Wann werden
wohl die Beeren reif?

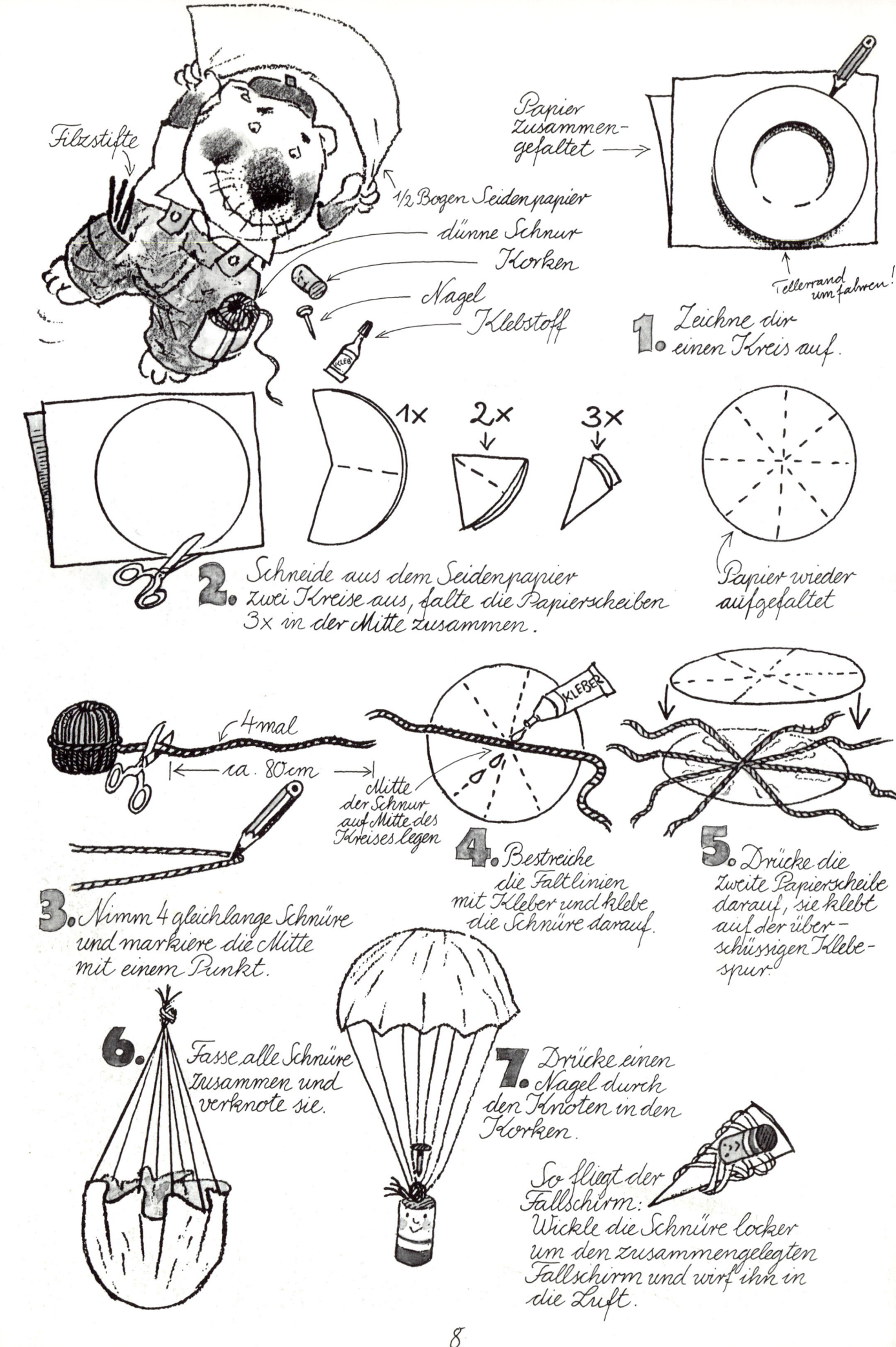

Filzstifte

Papier zusammen- gefaltet →

1/2 Bogen Seidenpapier
dünne Schnur
Korken
Nagel
Klebstoff

Tellerrand umfahren!

1. Zeichne dir einen Kreis auf.

1× 2× 3×

Papier wieder aufgefaltet

2. Schneide aus dem Seidenpapier zwei Kreise aus, falte die Papierscheiben 3× in der Mitte zusammen.

4mal

ca. 80cm

Mitte der Schnur auf Mitte des Kreises legen

KLEBER

3. Nimm 4 gleichlange Schnüre und markiere die Mitte mit einem Punkt.

4. Bestreiche die Faltlinien mit Kleber und klebe die Schnüre darauf.

5. Drücke die zweite Papierscheibe darauf, sie klebt auf der über- schüssigen Klebe- spur.

6. Fasse alle Schnüre zusammen und verknote sie.

7. Drücke einen Nagel durch den Knoten in den Korken.

So fliegt der Fallschirm: Wickle die Schnüre locker um den zusammengelegten Fallschirm und wirf ihn in die Luft.

Fallschirmspringer

Große Aufregung beim Wiesenvolk:
Stöpsel, der Bruchpilot, ist in den
Butterblumen gelandet!

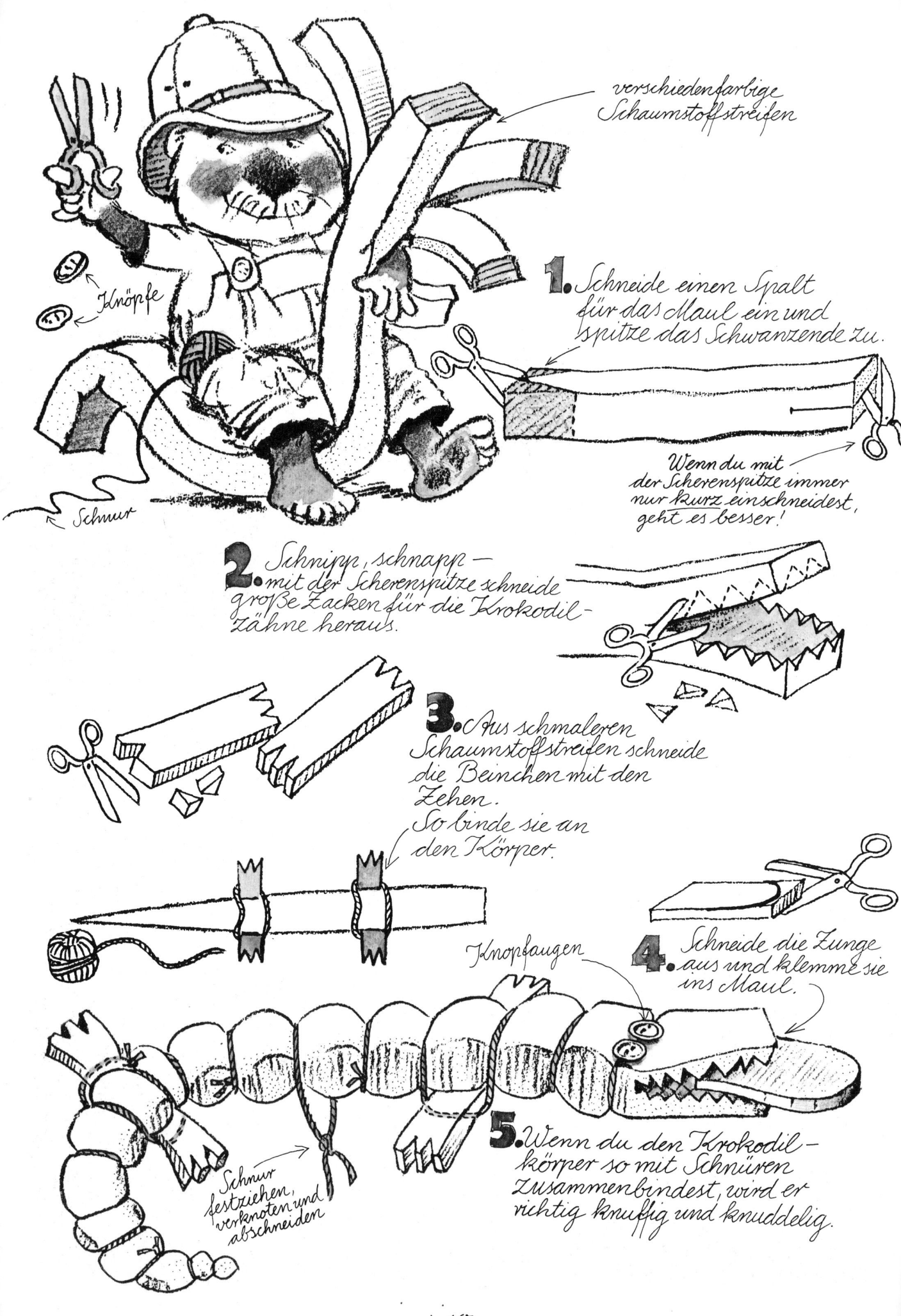

verschiedenfarbige
Schaumstoffstreifen

Knöpfe

Schnur

1. Schneide einen Spalt
für das Maul ein und
spitze das Schwanzende zu.

Wenn du mit
der Scherenspitze immer
nur kurz einschneidest,
geht es besser!

2. Schnipp, schnapp —
mit der Scherenspitze schneide
große Zacken für die Krokodil-
zähne heraus.

3. Aus schmaleren
Schaumstoffstreifen schneide
die Beinchen mit den
Zehen.
So binde sie an
den Körper.

Knopfaugen

4. Schneide die Zunge
aus und klemme sie
ins Maul.

Schnur
festziehen,
verknoten und
abschneiden

5. Wenn du den Krokodil-
körper so mit Schnüren
zusammenbindest, wird er
richtig knuffig und knuddelig.

Badewannenkrokodile

Im Schaum liegen sie auf der
Lauer nach Wasserfröschen —
die mit ihnen spielen.

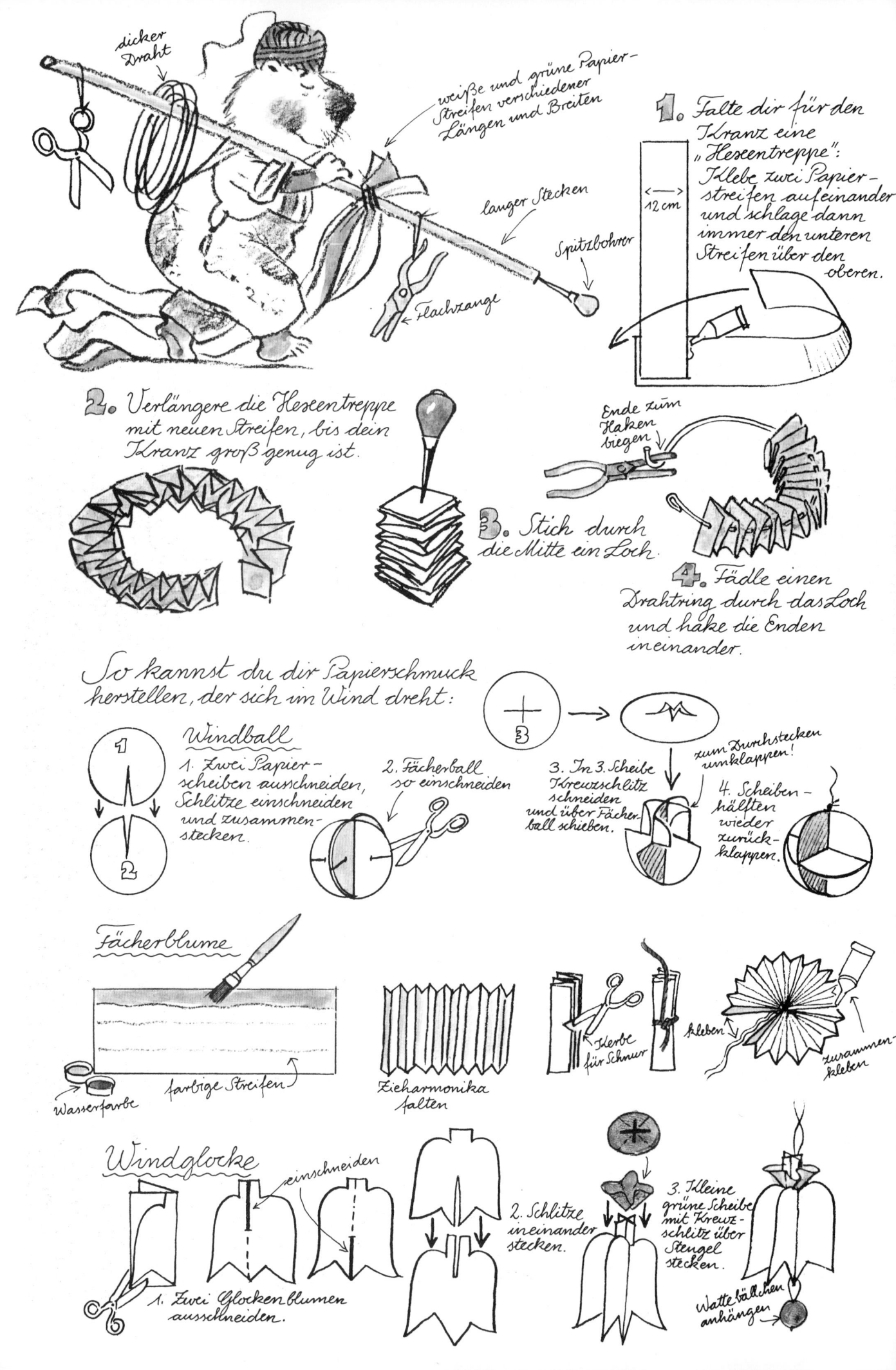

dicker Draht

weiße und grüne Papier-
Streifen verschiedener
Längen und Breiten

langer Stecken

Spitzbohrer

← Flachzange

1. Falte dir für den Kranz eine „Hexentreppe": Klebe zwei Papierstreifen aufeinander und schlage dann immer den unteren Streifen über den oberen.

↔ 12 cm

2. Verlängere die Hexentreppe mit neuen Streifen, bis dein Kranz groß genug ist.

Ende zum Haken biegen

3. Stich durch die Mitte ein Loch.

4. Fädle einen Drahtring durch das Loch und hake die Enden ineinander.

So kannst du dir Papierschmuck herstellen, der sich im Wind dreht:

Windball

1. Zwei Papierscheiben ausschneiden, Schlitze einschneiden und zusammenstecken.

2. Fächerball so einschneiden

3. In 3. Scheibe Kreuzschlitz schneiden und über Fächerball schieben.

zum Durchstecken umklappen!

4. Scheibenhälften wieder zurückklappen.

Fächerblume

Wasserfarbe

farbige Streifen

Zieharmonika falten

Kerbe für Schnur

kleben

zusammenkleben

Windglocke

einschneiden

1. Zwei Glockenblumen ausschneiden.

2. Schlitze ineinander stecken.

3. Kleine grüne Scheibe mit Kreuzschlitz über Stengel stecken.

Wattebällchen anhängen →

Geburtstagsbaum

Ununterbrochen drehen sich seine bunten Blüten
und Bälle im Wind. Am Geburtstagsmorgen in
den Garten gepflanzt, bringt er Glück!

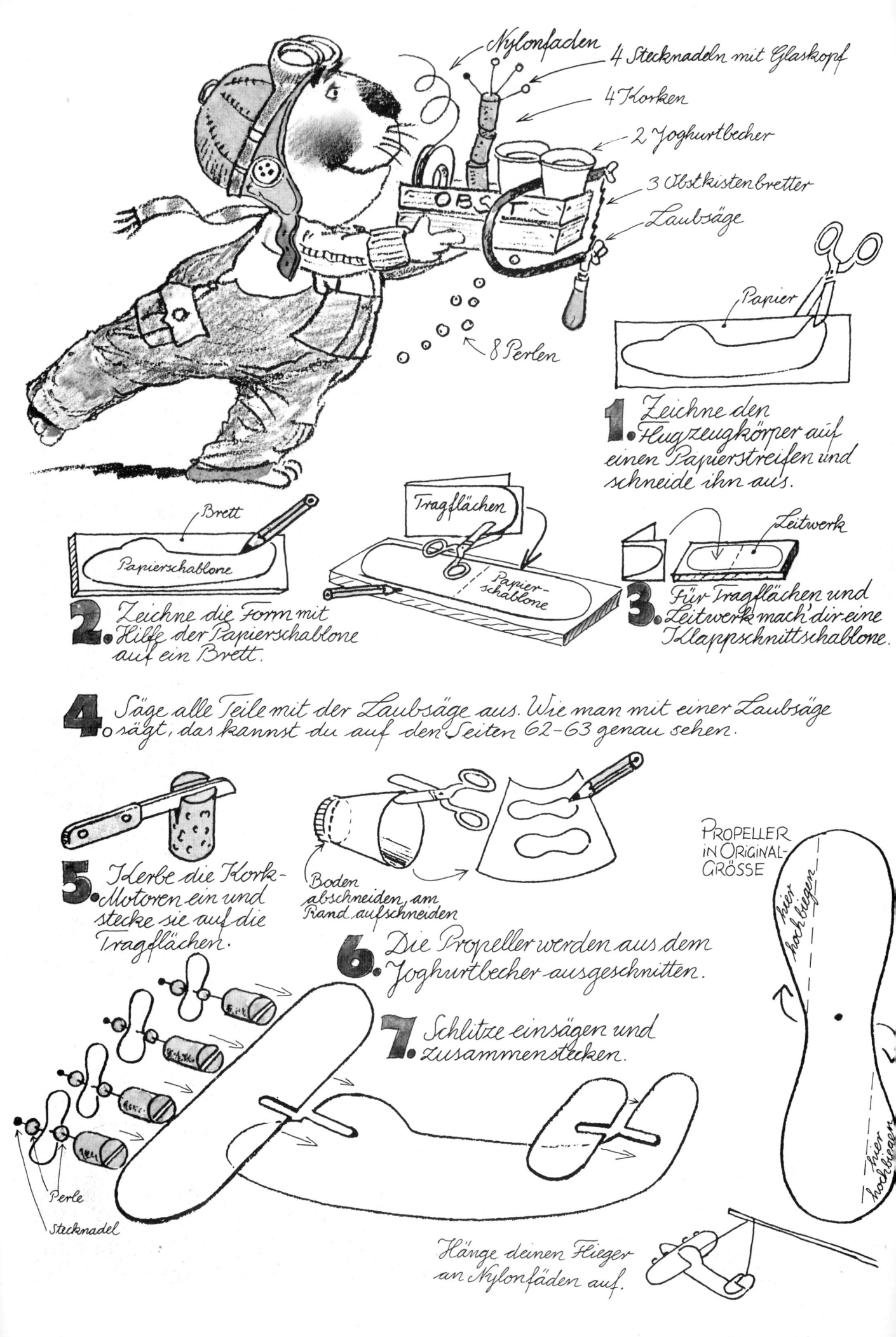

Nylonfaden

4 Stecknadeln mit Glaskopf

4 Korken

2 Joghurtbecher

3 Obstkistenbretter

Laubsäge

8 Perlen

Papier

1. Zeichne den Flugzeugkörper auf einen Papierstreifen und schneide ihn aus.

Brett

Papierschablone

Tragflächen

Papierschablone

Leitwerk

2. Zeichne die Form mit Hilfe der Papierschablone auf ein Brett.

3. Für Tragflächen und Leitwerk mach' dir eine Klappschnittschablone.

4. Säge alle Teile mit der Laubsäge aus. Wie man mit einer Laubsäge sägt, das kannst du auf den Seiten 62-63 genau sehen.

5. Kerbe die Kork-Motoren ein und stecke sie auf die Tragflächen.

Boden abschneiden, am Rand aufschneiden

6. Die Propeller werden aus dem Joghurtbecher ausgeschnitten.

7. Schlitze einsägen und zusammenstecken.

PROPELLER iN ORIGINAL-GRÖSSE

hier hochbiegen

hier hochbiegen

Perle

Stecknadel

Hänge deinen Flieger an Nylonfäden auf.

Fliegende Kisten

Tollkühne Piloten zeigen ihre
Kunststücke über dem Flugfeld.

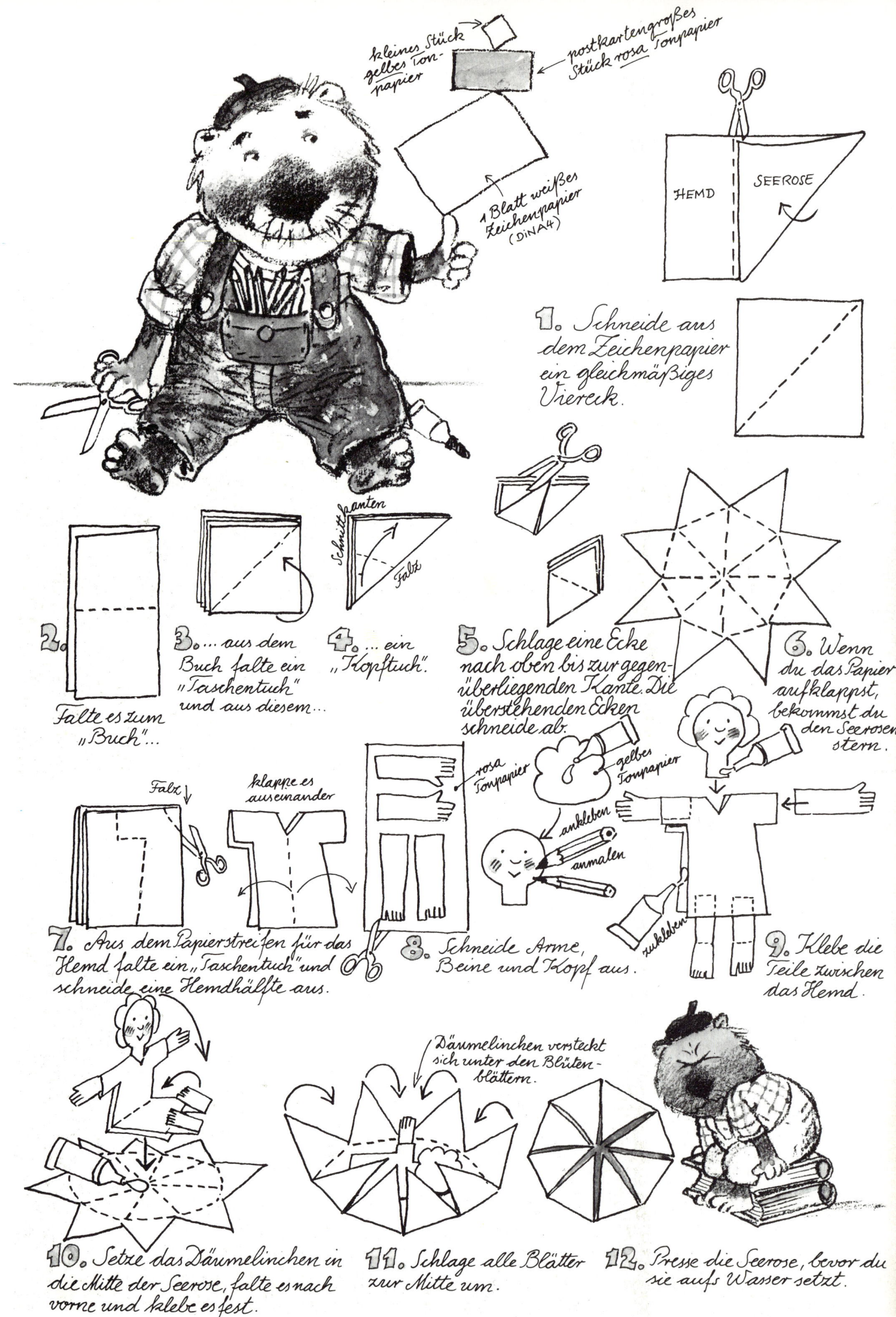

kleines Stück gelbes Tonpapier

postkartengroßes Stück rosa Tonpapier

1 Blatt weißes Zeichenpapier (DINA4)

HEMD | SEEROSE

1. Schneide aus dem Zeichenpapier ein gleichmäßiges Viereck.

2. Falte es zum „Buch"...

3. ... aus dem Buch falte ein „Taschentuch" und aus diesem...

4. ... ein „Kopftuch".

Schnittkanten / Falz

5. Schlage eine Ecke nach oben bis zur gegenüberliegenden Kante. Die überstehenden Ecken schneide ab.

6. Wenn du das Papier aufklappst, bekommst du den Seerosenstern.

Falz / klappe es auseinander

rosa Tonpapier / gelbes Tonpapier

ankleben / anmalen / zukleben

7. Aus dem Papierstreifen für das Hemd falte ein „Taschentuch" und schneide eine Hemdhälfte aus.

8. Schneide Arme, Beine und Kopf aus.

9. Klebe die Teile zwischen das Hemd.

Däumelinchen versteckt sich unter den Blütenblättern.

10. Setze das Däumelinchen in die Mitte der Seerose, falte es nach vorne und klebe es fest.

11. Schlage alle Blätter zur Mitte um.

12. Presse die Seerose, bevor du sie aufs Wasser setzt.

16

Däumelinchen

Die Seerosen öffnen im Morgenlicht
langsam ihre Blütenblätter.
Däumelinchen erwacht — und lacht.

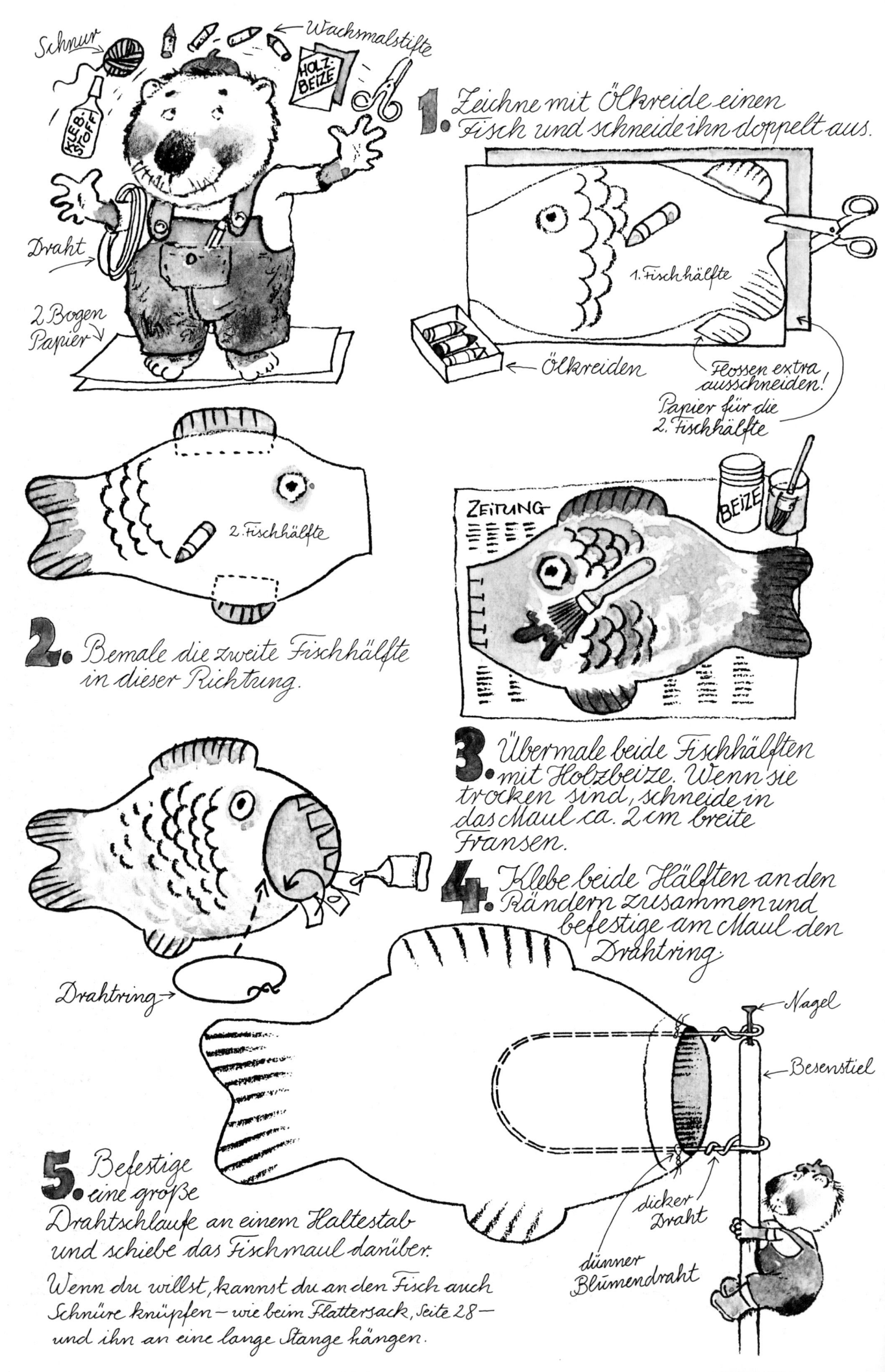

Schnur

Wachsmalstifte

HOLZ-BEIZE

KLEB-STOFF

Draht

2 Bogen Papier

1. Zeichne mit Ölkreide einen Fisch und schneide ihn doppelt aus.

1. Fischhälfte

Ölkreiden

Flossen extra ausschneiden!

Papier für die 2. Fischhälfte

2. Fischhälfte

2. Bemale die zweite Fischhälfte in dieser Richtung.

ZEITUNG

BEIZE

3. Übermale beide Fischhälften mit Holzbeize. Wenn sie trocken sind, schneide in das Maul ca. 2 cm breite Fransen.

4. Klebe beide Hälften an den Rändern zusammen und befestige am Maul den Drahtring

Drahtring

Nagel

Besenstiel

dicker Draht

dünner Blumendraht

5. Befestige eine große Drahtschlaufe an einem Haltestab und schiebe das Fischmaul darüber.

Wenn du willst, kannst du an den Fisch auch Schnüre knüpfen — wie beim Flattersack, Seite 28 — und ihn an eine lange Stange hängen.

Windfisch

Er schwimmt durch die Luft und wedelt mit der Schwanzflosse. Sein großes Maul schnappt nach dem Wind.

Bucheckernschale

2 Ahornsamen-Flügel

6 dünne, steife Halme

Kaugummi

2 Blätter

Taschenmesser

1 Korken

6 flache Rindenstücke

1. Für die Beine des Teichläufers suche 6 Gras- oder Strohhalme und schneide sie gleichmäßig lang.

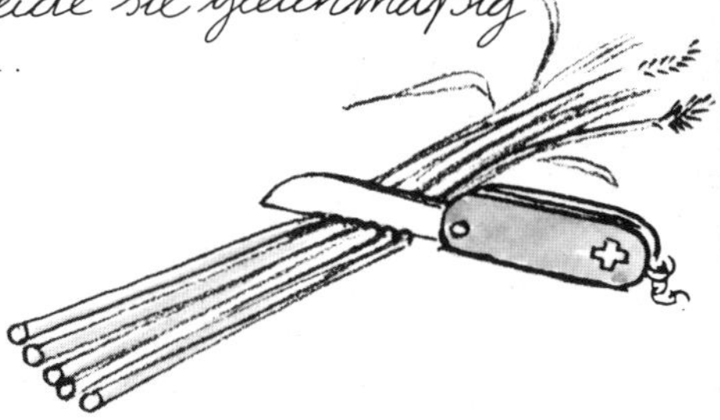

2. Schneide die Rindenstücke etwa gleich groß zurecht.

Statt Rinde kannst du auch Korkenstücke nehmen!

3. Stich in den Flaschenkorken 6 Löcher und stecke die Halme hinein.

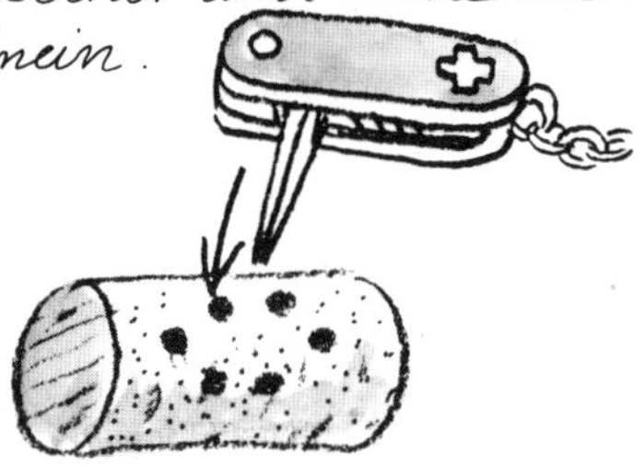

4. Verteile die Beine gleichmäßig im Kreis und klebe die Schwimmschuhe mit Kaugummikügelchen fest.

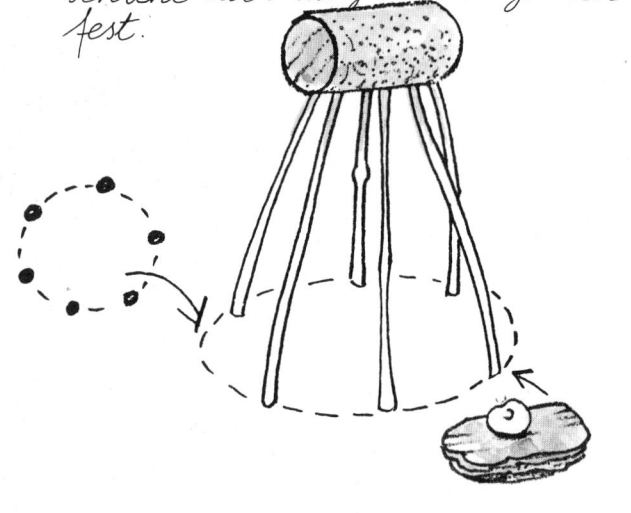

5. Auch die Blätterflügel, den Bucheckernkopf und die Vogelbeerenaugen klebe mit Kaugummi an.

Teichläufer

Nur selten ruht er sich auf Seerosen-
blättern aus. Gleich geht es weiter — über
den stillen Teich, hinüber zu den Schwertlilien.

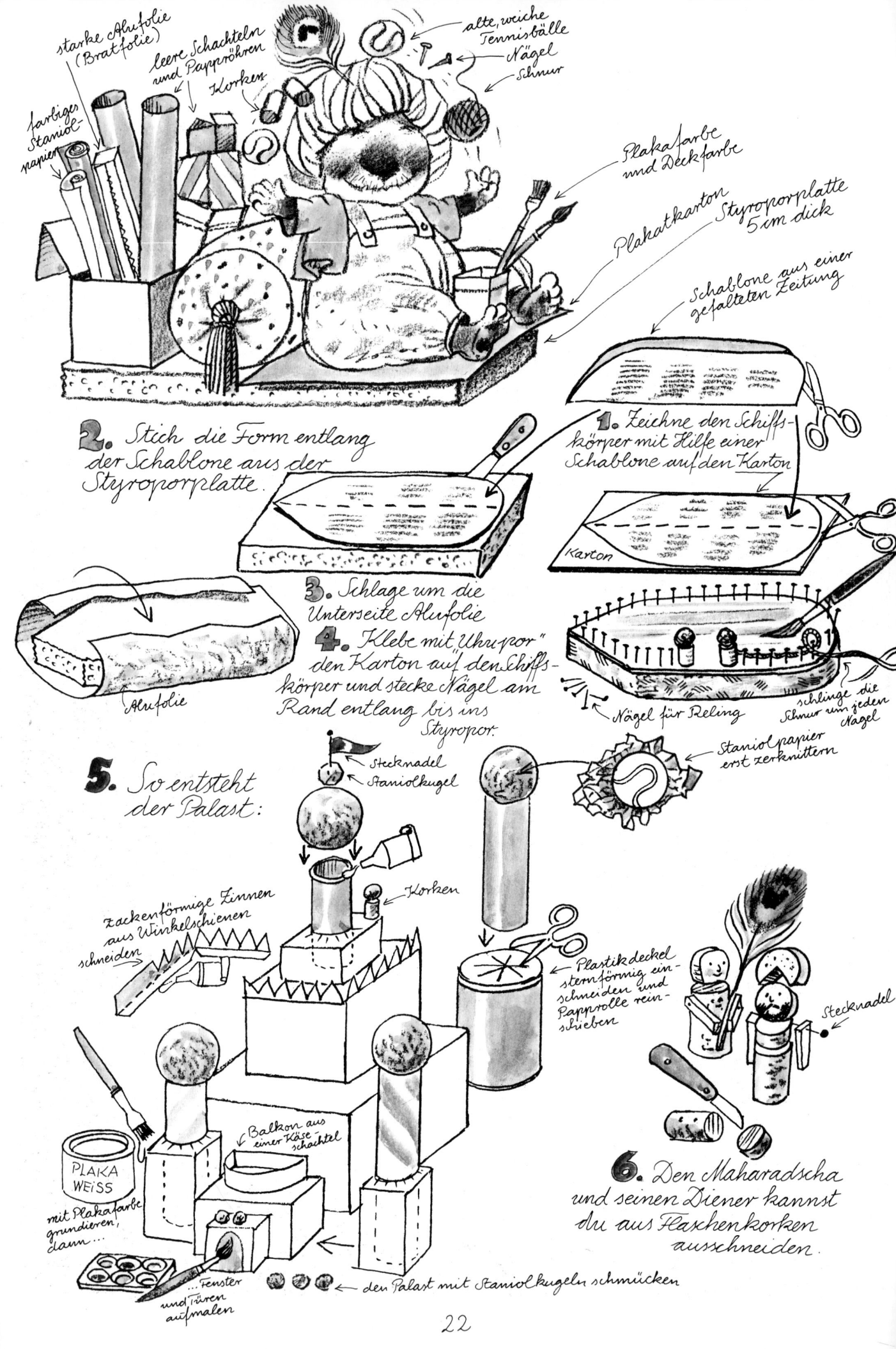

starke Alufolie (Bratfolie)

farbiges Staniolpapier

leere Schachteln und Pappröhren

Korken

alte, weiche Tennisbälle

Nägel

Schnur

Plakafarbe und Deckfarbe

Plakatkarton

Styroporplatte 5 cm dick

Schablone aus einer gefalteten Zeitung

1. Zeichne den Schiffskörper mit Hilfe einer Schablone auf den Karton

Karton

2. Stich die Form entlang der Schablone aus der Styroporplatte.

3. Schlage um die Unterseite Alufolie

Alufolie

4. Klebe mit "Uhupor" den Karton auf den Schiffskörper und stecke Nägel am Rand entlang bis ins Styropor.

Nägel für Reling

schlinge die Schnur um jeden Nagel

Staniolpapier erst zerknittern

5. So entsteht der Palast:

Stecknadel

Staniolkugel

Korken

zackenförmige Zinnen aus Winkelschienen schneiden

Plastikdeckel sternförmig einschneiden und Papprolle reinschieben

Stecknadel

PLAKA WEISS

mit Plakafarbe grundieren, dann...

Balkon aus einer Käseschachtel

...Fenster und Türen aufmalen

den Palast mit Staniolkugeln schmücken

6. Den Maharadscha und seinen Diener kannst du aus Flaschenkorken ausschneiden.

Luxusschiff des Maharadscha

Ruhig gleitet der schwimmende Palast
den Fluß entlang durch den Tropenwald,
vorbei an Lotosblüten und badenden Elefanten.

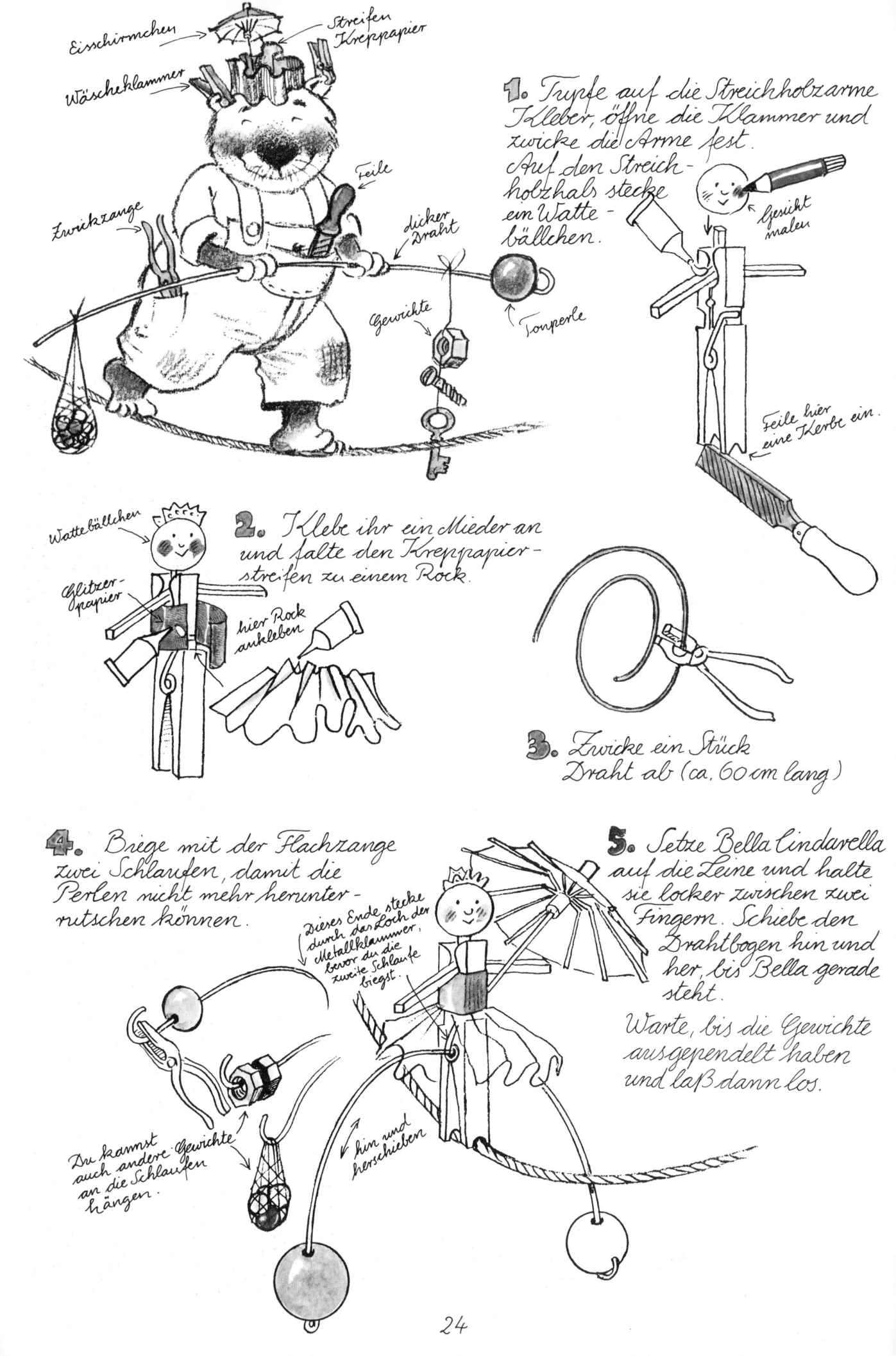

Eisschirmchen →

Streifen Kreppapier

Wäscheklammer →

Feile

Zwickzange

dicker Draht

Gewichte

Tonperle

1. Tropfe auf die Streichholzarme Kleber, öffne die Klammer und zwicke die Arme fest. Auf den Streichholzhals stecke ein Wattebällchen.

Gesicht malen

Feile hier eine Kerbe ein.

Wattebällchen →

Glitzerpapier

hier Rock ankleben

2. Klebe ihr ein Mieder an und falte den Kreppapierstreifen zu einem Rock.

3. Zwicke ein Stück Draht ab (ca. 60 cm lang)

4. Biege mit der Flachzange zwei Schlaufen, damit die Perlen nicht mehr herunterrutschen können.

Dieses Ende stecke durch das Loch der Metallklammer, bevor du die zweite Schlaufe biegst.

Du kannst auch andere Gewichte an die Schlaufen hängen.

hin und herschieben

5. Setze Bella Cindarella auf die Leine und halte sie locker zwischen zwei Fingern. Schiebe den Drahtbogen hin und her, bis Bella gerade steht.

Warte, bis die Gewichte ausgependelt haben und laß dann los.

Bella Cindarella

Der Star vom Klammer-Zirkus wippt auf der Wäscheleine schon beim leisesten Windhauch.

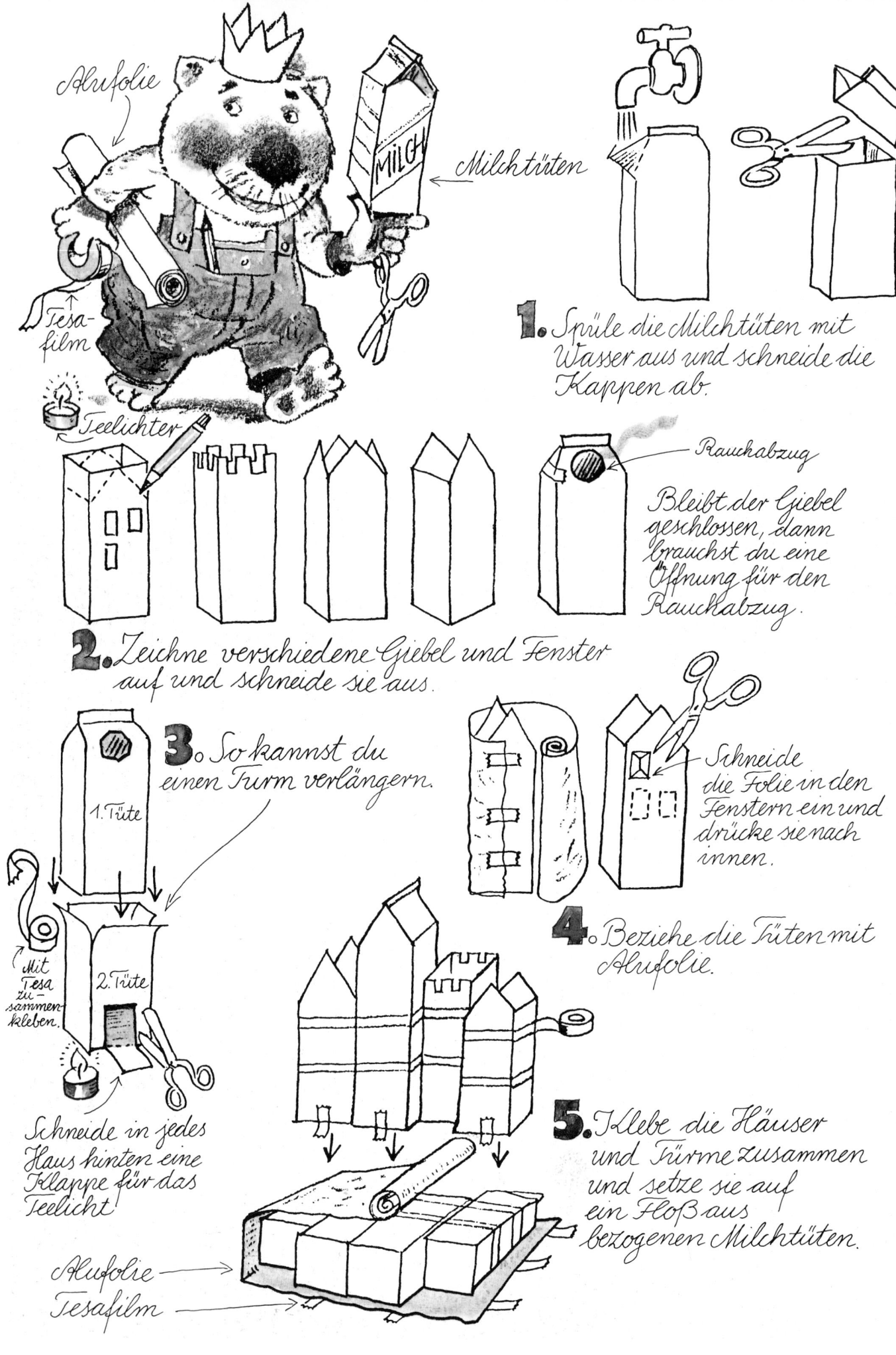

Alufolie

Milchtüten

Tesa-
film

Teelichter

Rauchabzug

1. Spüle die Milchtüten mit Wasser aus und schneide die Kappen ab.

Bleibt der Giebel geschlossen, dann brauchst du eine Öffnung für den Rauchabzug.

2. Zeichne verschiedene Giebel und Fenster auf und schneide sie aus.

3. So kannst du einen Turm verlängern.

1. Tüte

2. Tüte

Mit Tesa zu- sammen kleben.

Schneide in jedes Haus hinten eine Klappe für das Teelicht!

Schneide die Folie in den Fenstern ein und drücke sie nach innen.

4. Beziehe die Tüten mit Alufolie.

5. Klebe die Häuser und Türme zusammen und setze sie auf ein Floß aus bezogenen Milchtüten.

Alufolie
Tesafilm

26

Wasserschloß

Große Festbeleuchtung im Wasserschloß:
Die Schilfelfen laden ein zum Froschkonzert
und anschließendem Tanz auf dem See.

Zeitungs-
papier

Schnur

bunte
Plastiktüte
(Einkaufsbeutel)

dünner
Draht

Tesafilm

Schere

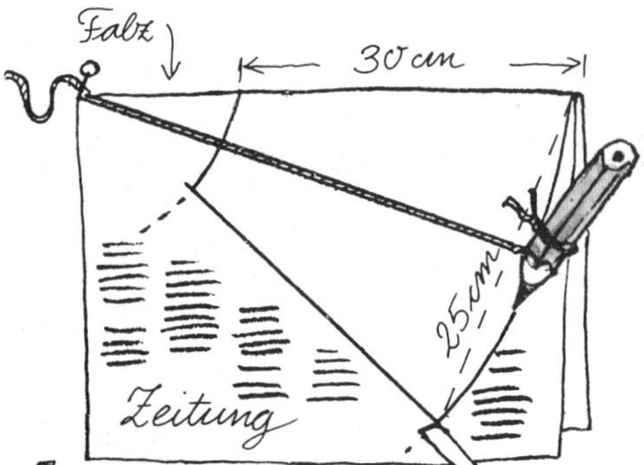

1. Mache dir aus einem gefalteten Zeitungspapier die Schablone für den Wirbelsack.

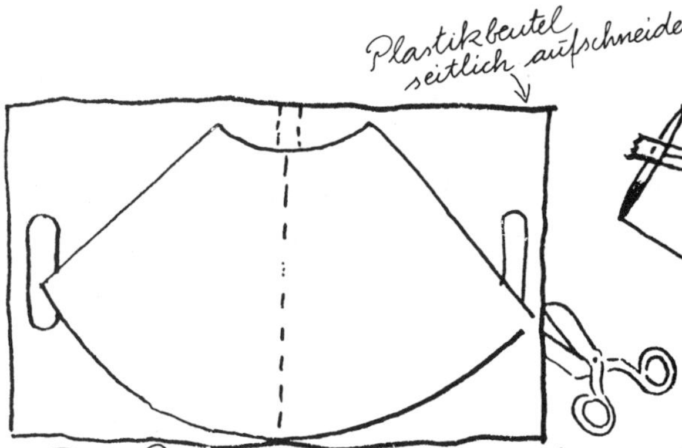

Falz

30 cm

25 cm

Zeitung

2. Lege die Schablone auf einen Plastikbeutel und schneide den Flattersack aus.

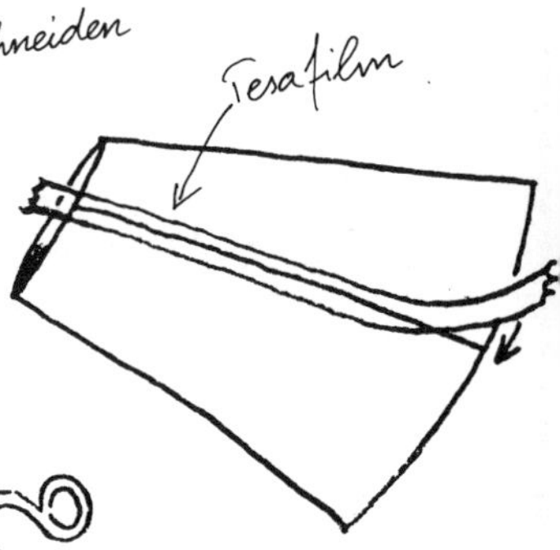

Plastikbeutel
seitlich aufschneiden

3. Klebe die Kanten wie einen Rock zusammen.

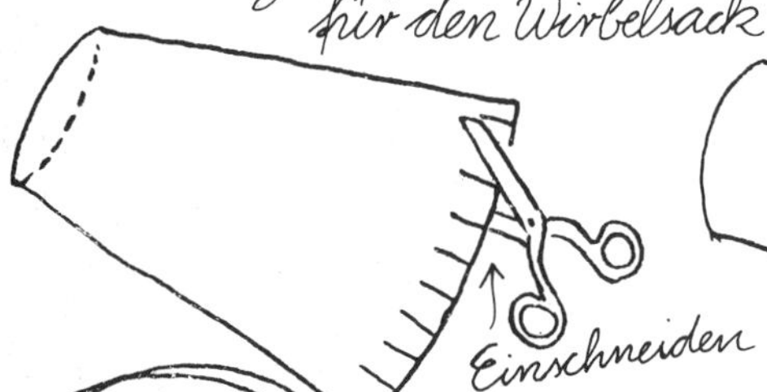

Tesafilm

4. Schneide in die Kante der großen Öffnung breite Fransen.

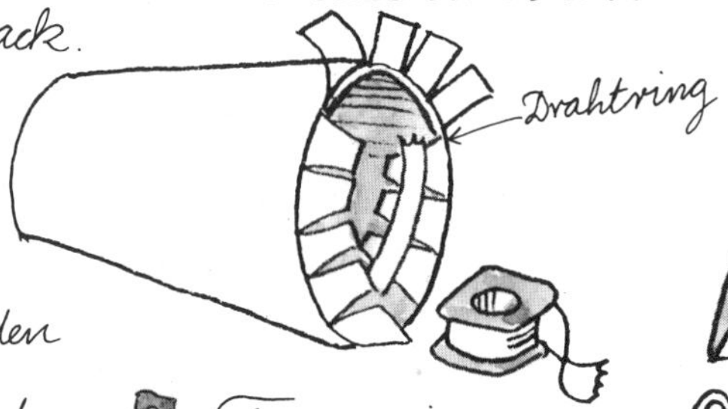

Einschneiden

5. Forme einen Drahtring und klappe die Fransen darüber. Klebe sie mit Tesafilm fest.

Drahtring

6. Aus bunten Plastiktüten schneide lange Flatterstreifen.

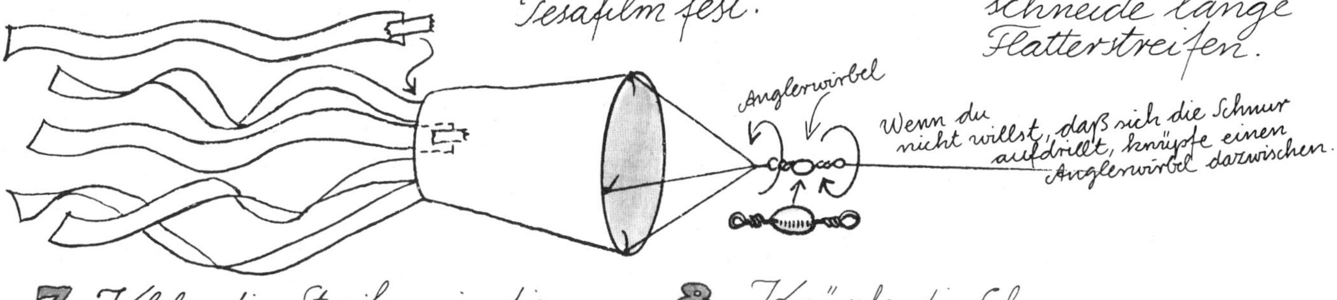

7. Klebe die Streifen in die hintere Öffnung.

8. Knüpfe die Schnur an 3 Punkten fest.

Anglerwirbel

Wenn du nicht willst, daß sich die Schnur aufdrillt, knüpfe einen Anglerwirbel darzwischen.

Flattersack

Mit bunten Bändern wirbelt er im
Fahrtwind dem wilden Radfahrer
hinter her.

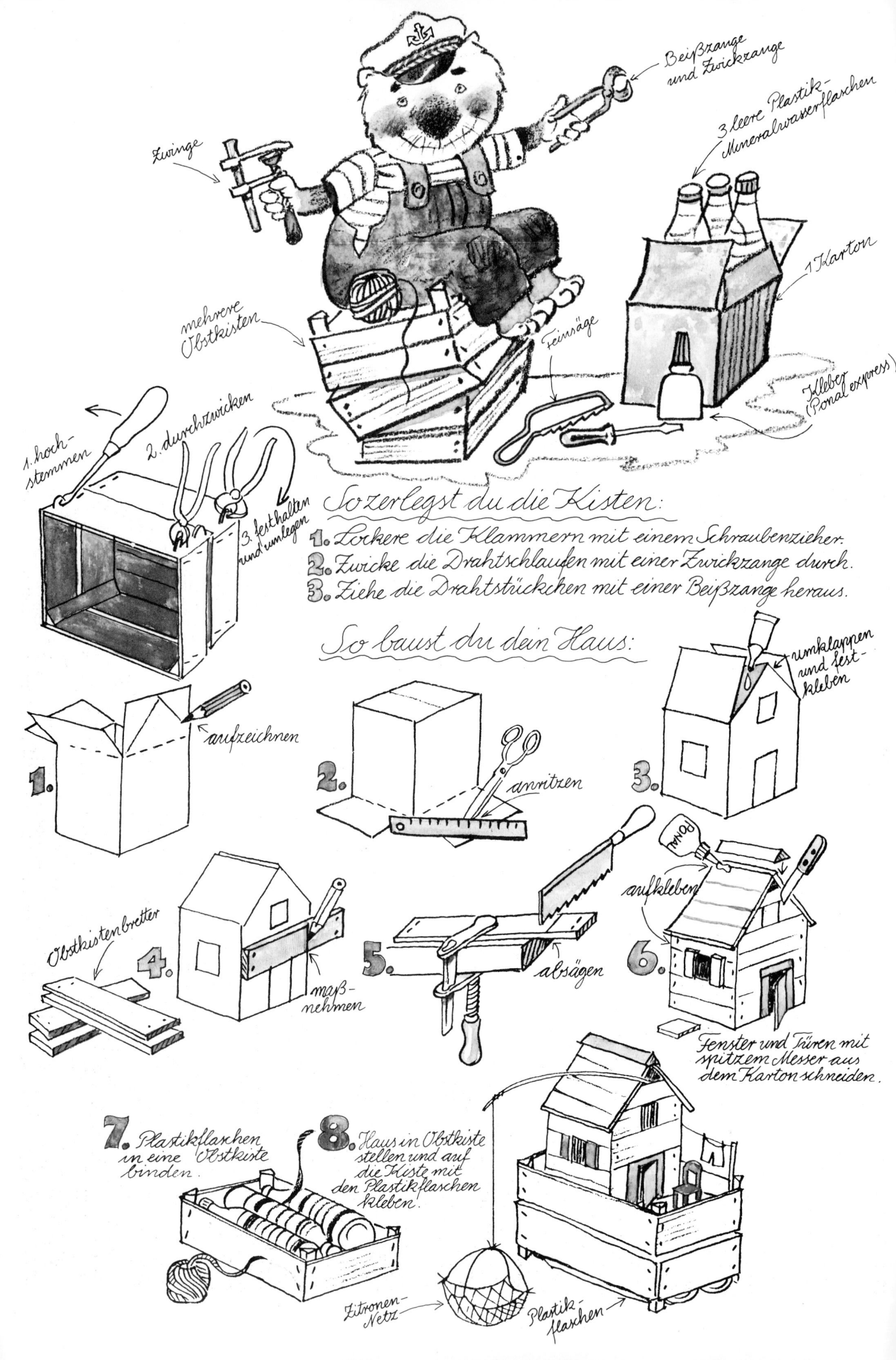

Zwinge

mehrere Obstkisten

Beißzange und Zwickzange

3 leere Plastik- Mineralwasserflaschen

1 Karton

Feinsäge

Kleber (Ponal express)

1. hochstemmen
2. durchzwicken
3. festhalten und umlegen

So zerlegst du die Kisten:
1. Lockere die Klammern mit einem Schraubenzieher.
2. Zwicke die Drahtschlaufen mit einer Zwickzange durch.
3. Ziehe die Drahtstückchen mit einer Beißzange heraus.

So baust du dein Haus:

1. aufzeichnen

2. anritzen

3. umklappen und festkleben

Obstkistenbretter

4. maßnehmen

5. absägen

6. aufkleben

Fenster und Türen mit spitzem Messer aus dem Karton schneiden.

7. Plastikflaschen in eine Obstkiste binden.

8. Haus in Obstkiste stellen und auf die Kiste mit den Plastikflaschen kleben.

Zitronen-Netz

Plastikflaschen

Hausboot

Mit Mann und Maus geht es auf
große Fahrt — den Mississippi hinunter —
solange die Leine reicht.

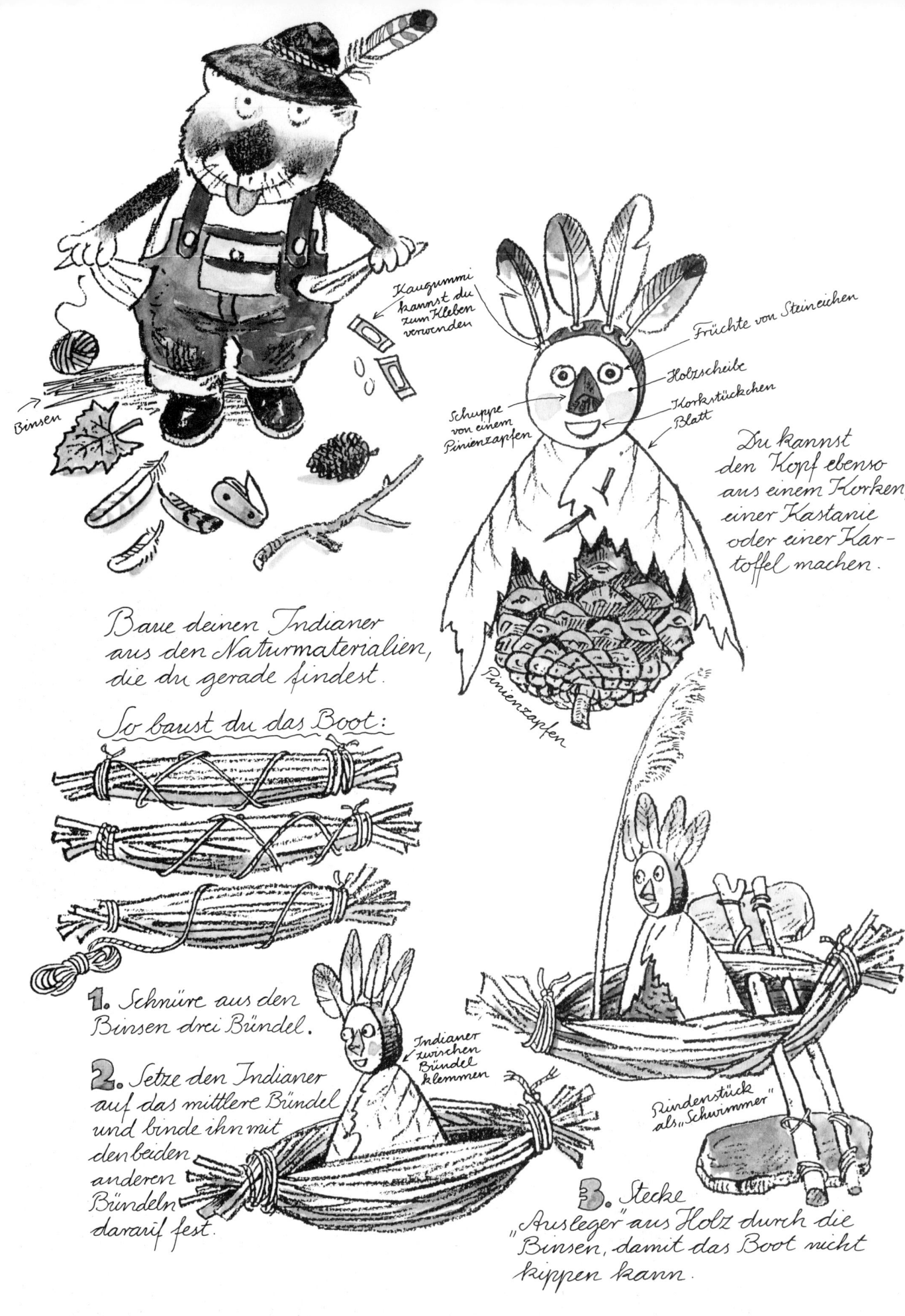

Kaugummi kannst du zum Kleben verwenden

Binsen

Früchte von Steineichen

Holzscheibe

Korkstückchen
Blatt

Schuppe von einem Pinienzapfen

Du kannst den Kopf ebenso aus einem Korken, einer Kastanie oder einer Kartoffel machen.

Pinienzapfen

Baue deinen Indianer aus den Naturmaterialien, die du gerade findest.

So baust du das Boot:

1. Schnüre aus den Binsen drei Bündel.

2. Setze den Indianer auf das mittlere Bündel und binde ihn mit den beiden anderen Bündeln darauf fest.

Indianer zwischen Bündel klemmen

3. Stecke "Ausleger" aus Holz durch die Binsen, damit das Boot nicht kippen kann.

Rindenstück als "Schwimmer"

Häuptling Morgenwind

Er sitzt in seinem Schilfboot am
Ufer des Titicacasees und wartet
auf einen großen Fisch.

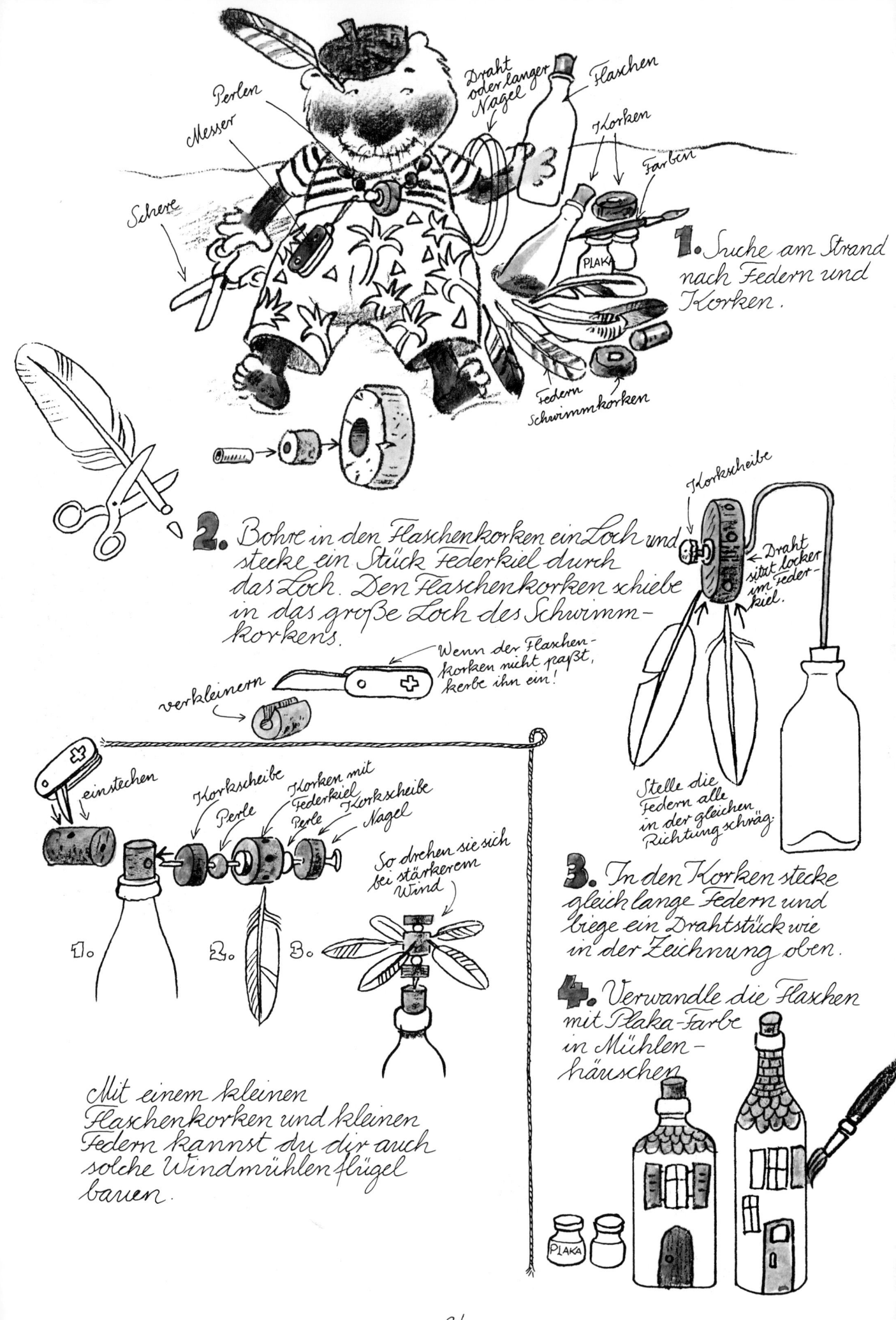

1. Suche am Strand nach Federn und Korken.

Perlen
Messer
Schere
Draht oder langer Nagel
Flaschen
Korken
Farben
PLAKA
Federn
Schwimmkorken

2. Bohre in den Flaschenkorken ein Loch und stecke ein Stück Federkiel durch das Loch. Den Flaschenkorken schiebe in das große Loch des Schwimmkorkens.

verkleinern

Wenn der Flaschenkorken nicht paßt, kerbe ihn ein!

Korkscheibe
Draht sitzt locker im Federkiel.

Stelle die Federn alle in der gleichen Richtung schräg.

3. In den Korken stecke gleich lange Federn und biege ein Drahtstück wie in der Zeichnung oben.

einstechen

Korkscheibe
Perle
Korken mit Federkiel
Perle
Korkscheibe
Nagel

So drehen sie sich bei stärkerem Wind

1.   2.   3.

4. Verwandle die Flaschen mit Plaka-Farbe in Mühlen-häuschen.

PLAKA

Mit einem kleinen Flaschenkorken und kleinen Federn kannst du dir auch solche Windmühlenflügel bauen.

Strandmühlen

Eifrig kreisen ihre Flügelräder im Wind.
Was die Müller wohl mahlen?
Berge von Sand!

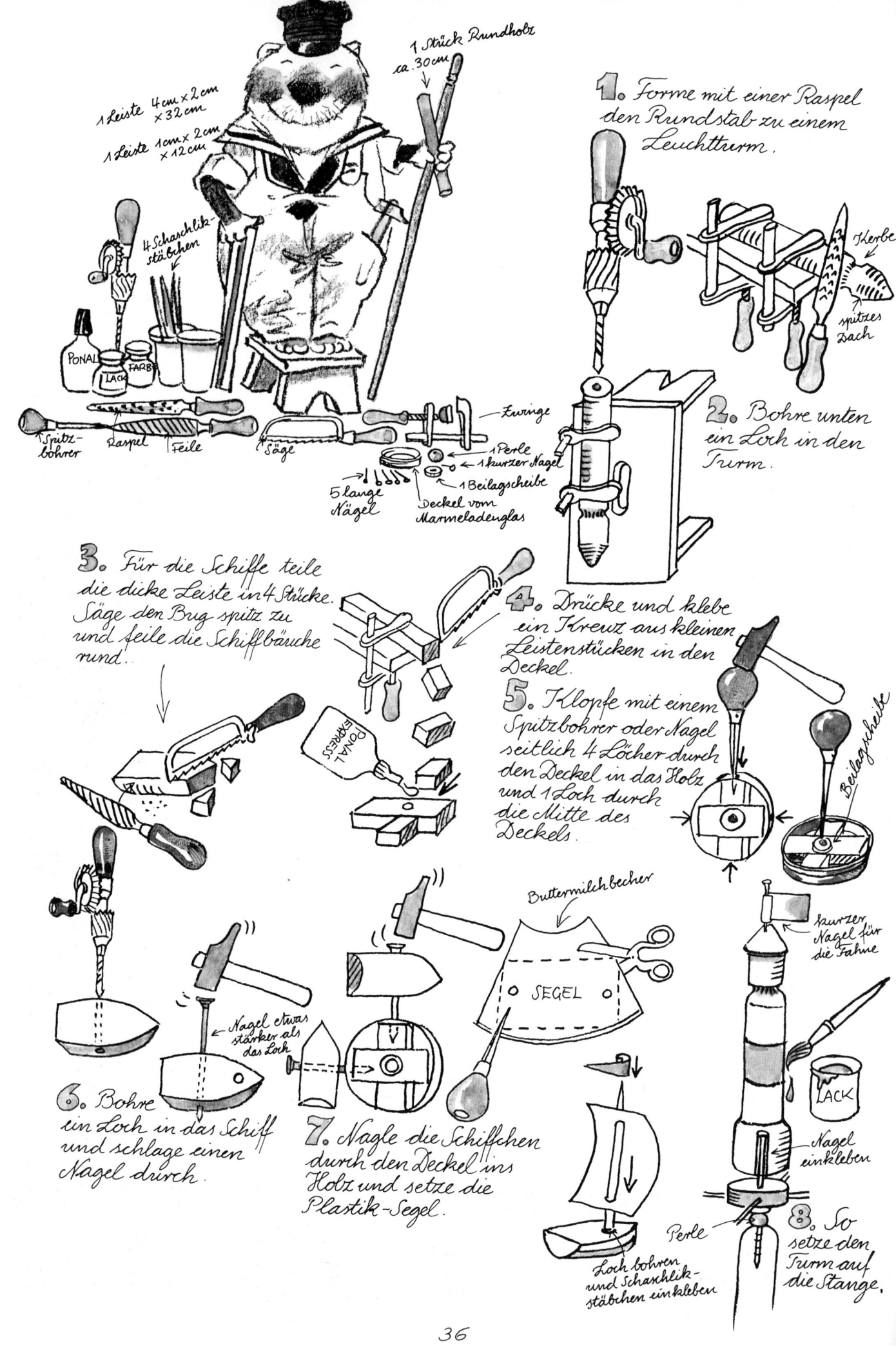

1 Leiste 4 cm × 2 cm × 32 cm

1 Leiste 1 cm × 2 cm × 12 cm

4 Schaschlik stäbchen

1 Stück Rundholz ca. 30 cm

PONAL

LACK

FARBE

Spitz- bohrer   Raspel   Feile   Säge

Zwinge

1 Perle

1 kurzer Nagel

1 Beilagscheibe

5 lange Nägel

Deckel vom Marmeladenglas

1. Forme mit einer Raspel den Rundstab zu einem Leuchtturm.

Kerbe

spitzes Dach

2. Bohre unten ein Loch in den Turm.

3. Für die Schiffe teile die dicke Leiste in 4 Stücke. Säge den Bug spitz zu und feile die Schiffbäuche rund.

PONAL EXPRESS

4. Drücke und klebe ein Kreuz aus kleinen Leistenstücken in den Deckel.

5. Klopfe mit einem Spitzbohrer oder Nagel seitlich 4 Löcher durch den Deckel in das Holz und 1 Loch durch die Mitte des Deckels.

Beilagscheibe

6. Bohre ein Loch in das Schiff und schlage einen Nagel durch.

Nagel etwas stärker als das Loch

7. Nagle die Schiffchen durch den Deckel ins Holz und setze die Plastik-Segel.

Buttermilchbecher

SEGEL

kurzer Nagel für die Fahne

LACK

Nagel einkleben

Perle

Loch bohren und Schaschlik- stäbchen einkleben

8. So setze den Turm auf die Stange.

Leuchtturm

Winde weh'n, Schiffe geh'n...
immer um den Leuchtturm herum,
bis zur nächsten Flaute.

Muscheln

Steine

stumpfgeschliffene
Glasstücke

Federn

Korken

Holz-
und Rindenstücke

Sammle Kleinigkeiten vom
Strand, die klingen, wenn sie ange-
schlagen werden und schöne Dinge, die
der Wind leicht bewegen
kann.

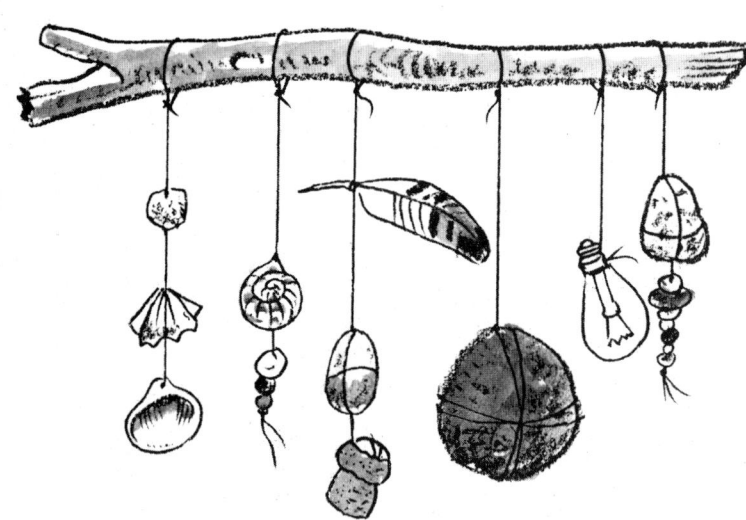

Knüpfe sie an
Schnüre und hänge
sie an einen Ast.
Achte darauf, daß
die klingenden
Teile aneinander-
schlagen.

Strandgut-Kling-Klang

Zart klimpern die Muscheln aneinander.
Wenn der Wind stärker wird, klackern auch
die Steine mit.

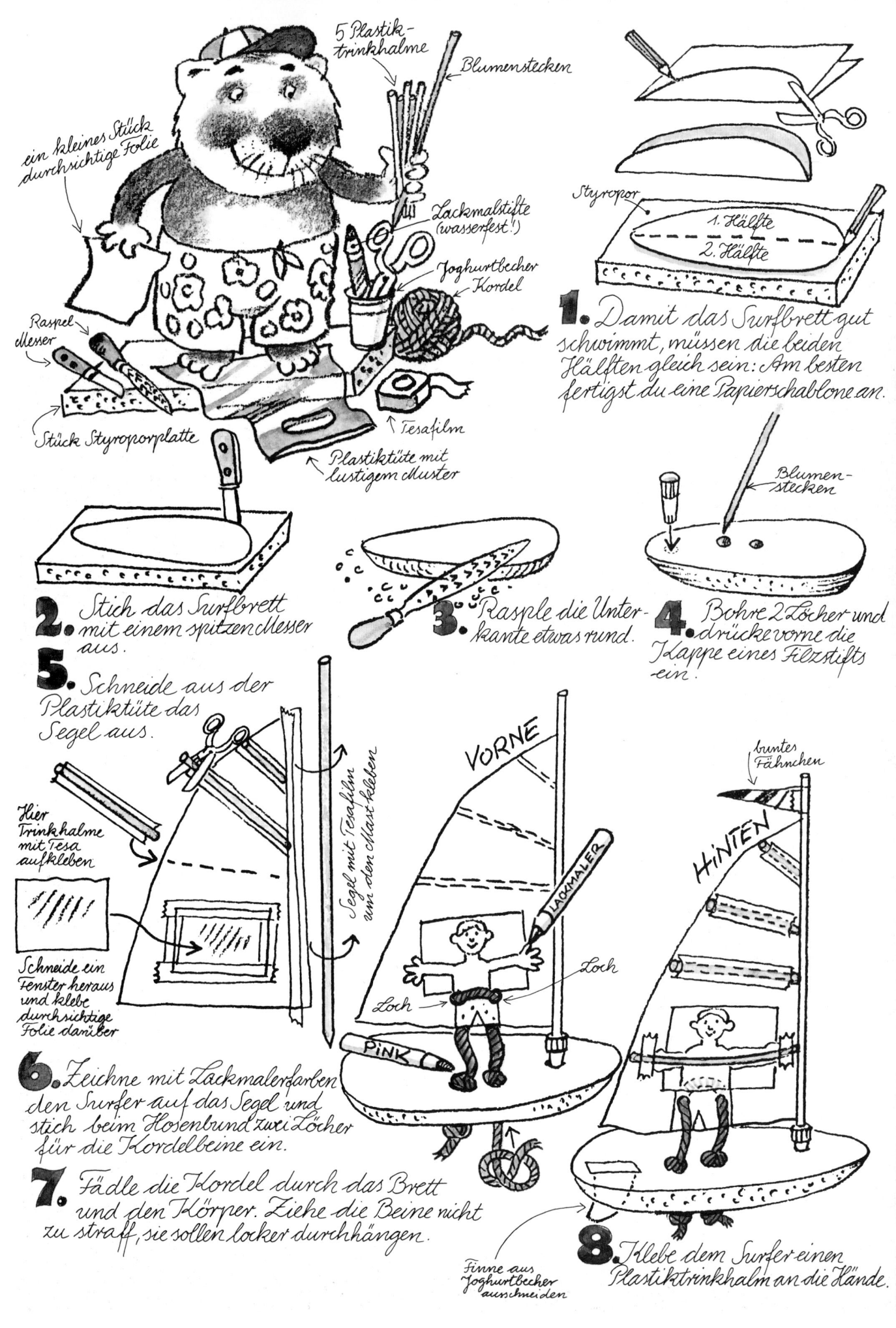

ein kleines Stück durchsichtige Folie

5 Plastik-trinkhalme

Blumenstecken

Lackmalstifte (wasserfest!)

Joghurtbecher
Kordel

Raspel
Messer

Stück Styroporplatte

Tesafilm

Plastiktüte mit lustigem Muster

Styropor

1. Hälfte
2. Hälfte

1. Damit das Surfbrett gut schwimmt, müssen die beiden Hälften gleich sein: Am besten fertigst du eine Papierschablone an.

Blumen-stecken

2. Stich das Surfbrett mit einem spitzen Messer aus.

3. Rasple die Unter-kante etwas rund.

4. Bohre 2 Löcher und drücke vorne die Kappe eines Filzstifts ein.

5. Schneide aus der Plastiktüte das Segel aus.

Hier Trinkhalme mit Tesa aufkleben

Segel mit Tesafilm um den Mast kleben

Schneide ein Fenster heraus und klebe durchsichtige Folie darüber

VORNE

HINTEN

buntes Fähnchen

LACKMALER

Loch

Loch

PINK

6. Zeichne mit Lackmalerfarben den Surfer auf das Segel und stich beim Hosenbund zwei Löcher für die Kordelbeine ein.

7. Fädle die Kordel durch das Brett und den Körper. Ziehe die Beine nicht zu straff, sie sollen locker durchhängen.

Finne aus Joghurtbecher ausschneiden

8. Klebe dem Surfer einen Plastiktrinkhalm an die Hände.

Surfer

Wie der Wind geschwind saust der
schnelle Sigi über den See.
Es kann aber auch über eine Pfütze sein.

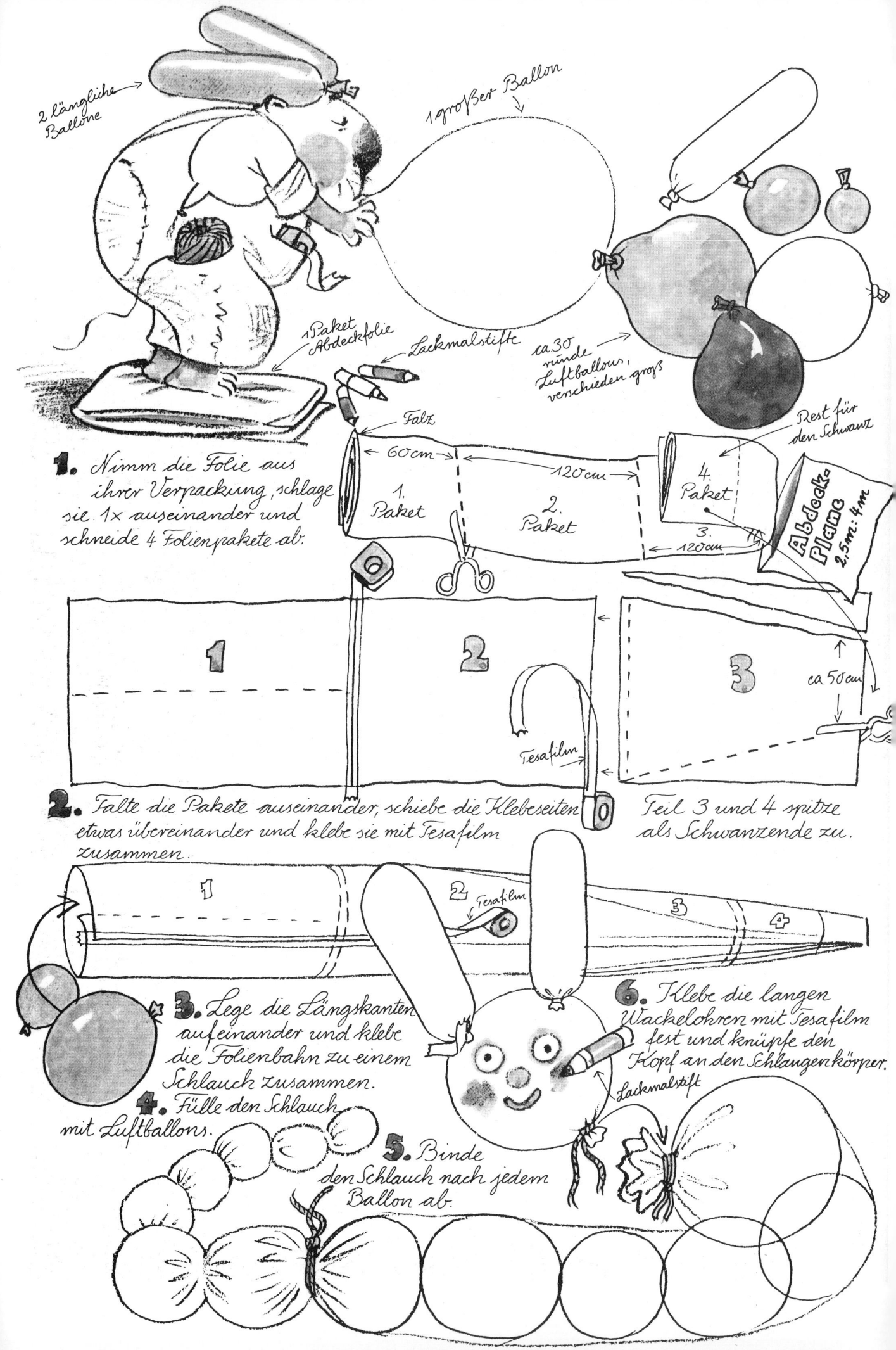

2 längliche Ballone

1 großer Ballon

1 Paket Abdeckfolie

Lackmalstifte

ca 30 runde Luftballons, verschieden groß

Rest für den Schwanz

Falz

60cm

1. Paket

120cm

2. Paket

4. Paket

3.
120cm

Abdeck Plane 2.5m : 4m

1. Nimm die Folie aus ihrer Verpackung, schlage sie 1x auseinander und schneide 4 Folienpakete ab.

1

2

3

Tesafilm

ca 50 cm

2. Falte die Pakete auseinander, schiebe die Klebeseiten etwas übereinander und klebe sie mit Tesafilm zusammen.

Teil 3 und 4 spitze als Schwanzende zu.

1

2   Tesafilm

3

4

3. Lege die Längskanten aufeinander und klebe die Folienbahn zu einem Schlauch zusammen.

4. Fülle den Schlauch mit Luftballons.

5. Binde den Schlauch nach jedem Ballon ab.

6. Klebe die langen Wackelohren mit Tesafilm fest und knüpfe den Kopf an den Schlangenkörper.

Lackmalstift

Wasserschlange

Alle Kinder fürchten sich vor dem riesigen Ungeheuer.
Hörst du, wie sie quietschen?

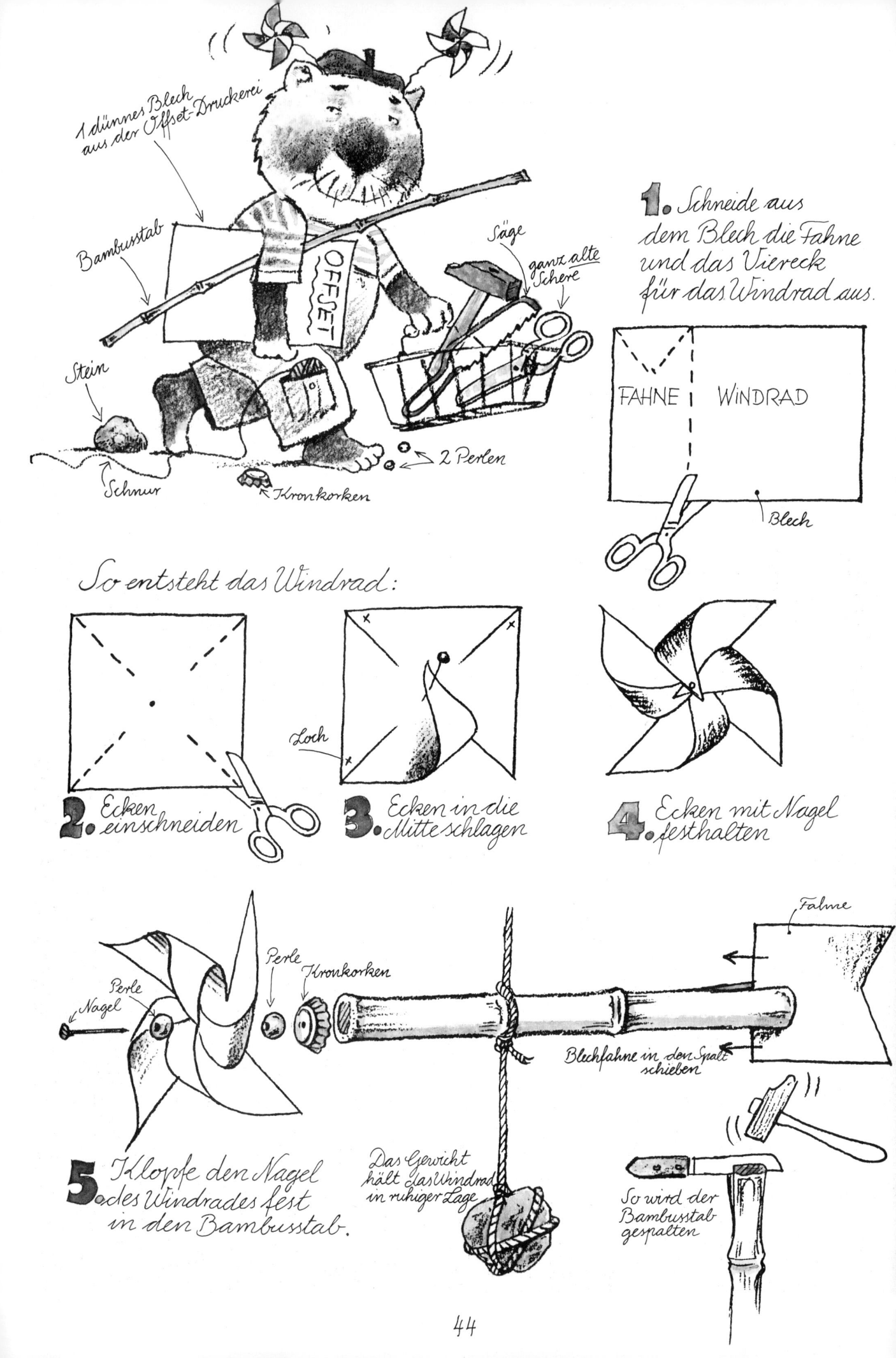

1 dünnes Blech aus der Offset-Druckerei

Bambusstab

Säge

ganz alte Schere

OFFSET

Stein

Schnur

Kronkorken

2 Perlen

1. Schneide aus dem Blech die Fahne und das Viereck für das Windrad aus.

FAHNE | WINDRAD

Blech

So entsteht das Windrad:

2. Ecken einschneiden

3. Ecken in die Mitte schlagen

Loch

4. Ecken mit Nagel festhalten

Fahne

Nagel

Perle

Perle

Kronkorken

Blechfahne in den Spalt schieben

5. Klopfe den Nagel des Windrades fest in den Bambusstab.

Das Gewicht hält das Windrad in ruhiger Lage.

So wird der Bambusstab gespalten

44

Windpendel

Es klingt wie leises Grillenzirpen, wenn
der Wind mit den Blechflügeln spielt und
die Fahne in eine neue Richtung dreht.

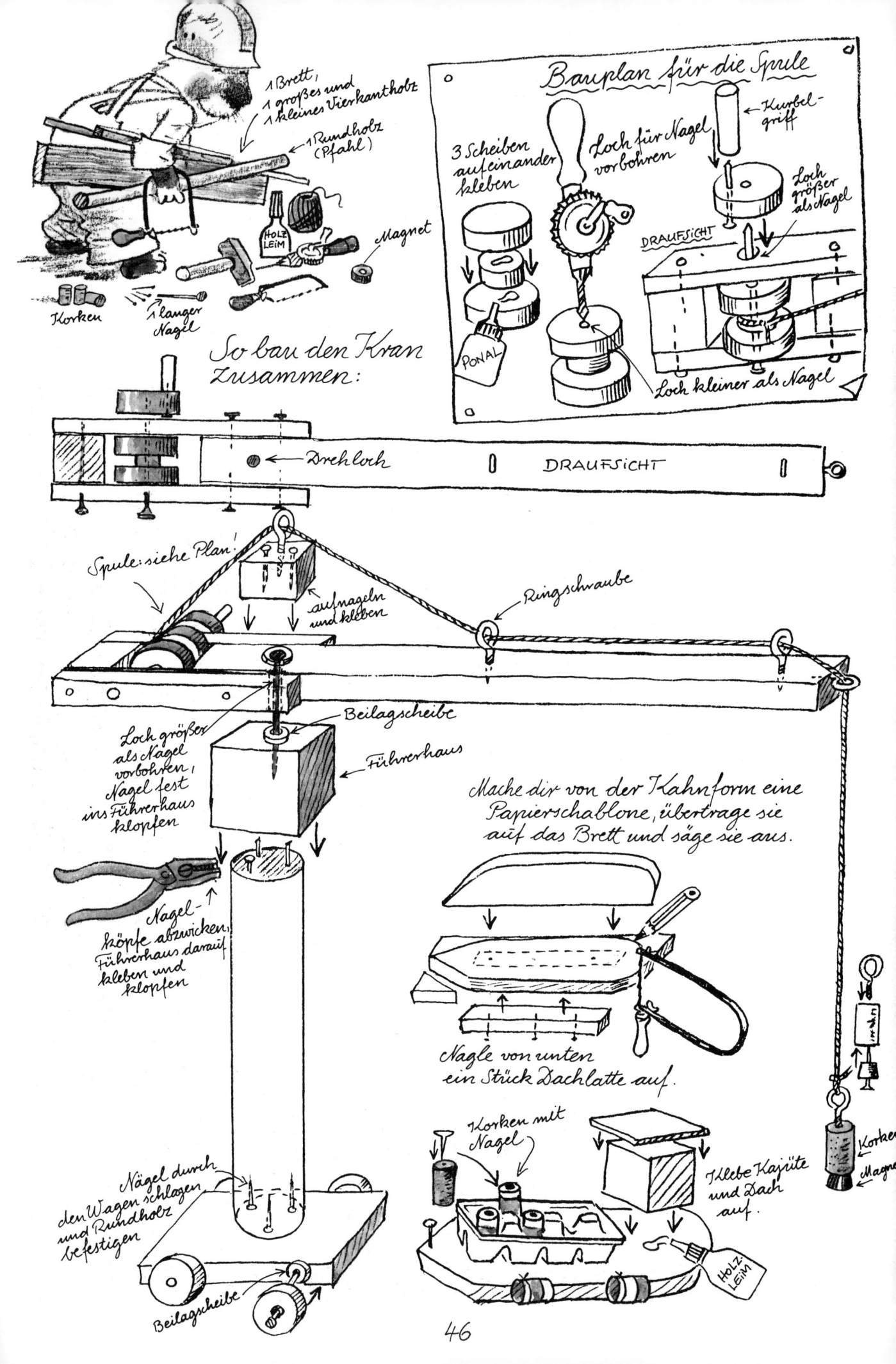

1 Brett,
1 großes und
1 kleines Vierkantholz

1 Rundholz (Pfahl)

Magnet

Holz LEiM

Korken

1 langer Nagel

Bauplan für die Spule

Kurbel-griff

3 Scheiben aufeinander kleben

Loch für Nagel vorbohren

Loch größer als Nagel

DRAUFSICHT

PONAL

Loch kleiner als Nagel

So bau den Kran zusammen:

Drehloch

DRAUFSICHT

Spule: siehe Plan!

aufnageln und kleben

Ringschraube

Loch größer als Nagel vorbohren, Nagel fest ins Führerhaus klopfen

Beilagscheibe

Führerhaus

Mache dir von der Kahnform eine Papierschablone, übertrage sie auf das Brett und säge sie aus.

Nagel-köpfe abzwicken, Führerhaus darauf kleben und klopfen

Nagle von unten ein Stück Dachlatte auf.

Nägel durch den Wagen schlagen und Rundholz befestigen

Korken mit Nagel

Klebe Kajüte und Dach auf.

Korken

Magnet

Holz LEiM

Beilagscheibe

46

Frachtkahn mit Kran

Das Sondermodell für den Bastelmeister:
Ein langer Kranarm schwenkt mit kleinem
Magnet leichte Fracht an Land.

Deckfarben und Lack

Holzfeile
Raspel

Laubsäge

Brett

Schleifpapier

1. Säge den Entenkörper mit der Laubsäge aus. Oder laß dir mit der Stichsäge von einem Erwachsenen helfen.

2. Raple die Kanten des Entenkopfes ab.

3. Feile das Rundholz für den Schnabel vorne rund.

4. Klebe den Kopf, den Schnabel und das Schwänzchen fest.

Schwänzchen aus Holzabfall so oder so

Holzleim wasserfest!

Alle Kanten mit Raspel und Feile abrunden

LACK

5. Male die Ente mit Deckfarben an und lackiere das Federkleid mehrmals mit durchsichtigem Lack, damit es vom Wasser nicht wieder abgewaschen werden kann.

Holzenten

Sie schaukeln über den Teich
und treffen sich zu einem
Schnatterstündchen.

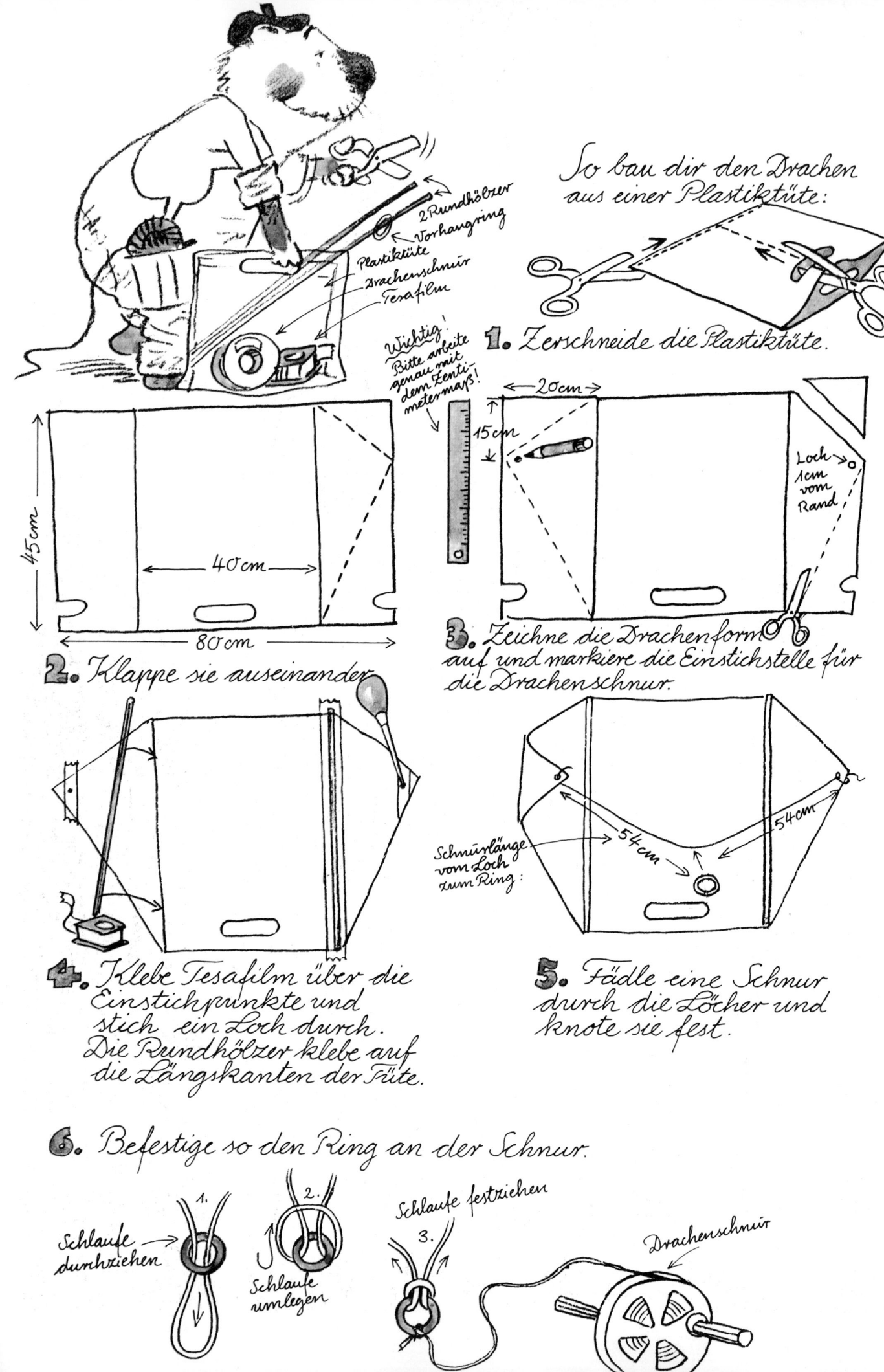

So bau dir den Drachen
aus einer Plastiktüte:

2 Rundhölzer
Vorhangring
Plastiktüte
Drachenschnur
Tesafilm

Wichtig!
Bitte arbeite
genau mit
dem Zenti-
metermaß!

1. Zerschneide die Plastiktüte.

45cm

40cm

80cm

2. Klappe sie auseinander.

20cm

15cm

Loch
1cm
vom
Rand

3. Zeichne die Drachenform
auf und markiere die Einstichstelle für
die Drachenschnur.

54cm

54cm

Schnurlänge
vom Loch
zum Ring:

4. Klebe Tesafilm über die
Einstichpunkte und
stich ein Loch durch.
Die Rundhölzer klebe auf
die Längskanten der Tüte.

5. Fädle eine Schnur
durch die Löcher und
knote sie fest.

6. Befestige so den Ring an der Schnur.

Schlaufe
durchziehen

1.

2.

Schlaufe
umlegen

Schlaufe festziehen

3.

Drachenschnur

Flugtüten

Sie steigen schon bei leichtem Wind
hoch in die Luft. Fülle sie mit
Himmelsblau und Wolkenwatte.

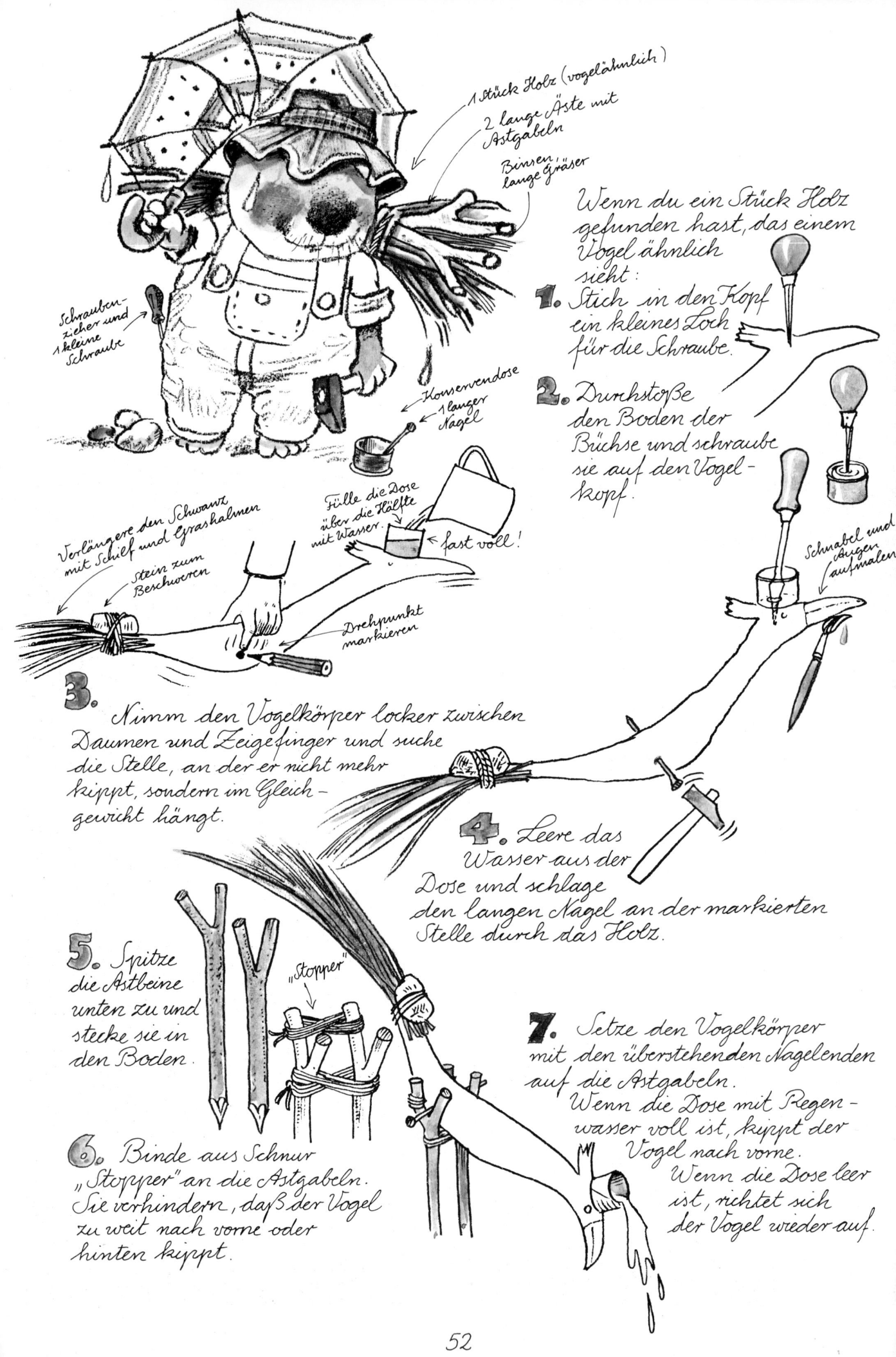

1 Stück Holz (vogelähnlich)

2 lange Äste mit Astgabeln

Binsen lange Gräser

Schrauben- zieher und 1 kleine Schraube

Konservendose 1 langer Nagel

Wenn du ein Stück Holz gefunden hast, das einem Vogel ähnlich sieht:

1. Stich in den Kopf ein kleines Loch für die Schraube.

2. Durchstoße den Boden der Büchse und schraube sie auf den Vogel-kopf.

Schnabel und Augen aufmalen

Verlängere den Schwanz mit Schilf und Grashalmen

Stein zum Beschweren

Fülle die Dose über die Hälfte mit Wasser.

← fast voll!

Drehpunkt markieren

3. Nimm den Vogelkörper locker zwischen Daumen und Zeigefinger und suche die Stelle, an der er nicht mehr kippt, sondern im Gleich-gewicht hängt.

4. Leere das Wasser aus der Dose und schlage den langen Nagel an der markierten Stelle durch das Holz.

5. Spitze die Astbeine unten zu und stecke sie in den Boden.

„Stopper"

6. Binde aus Schnur „Stopper" an die Astgabeln. Sie verhindern, daß der Vogel zu weit nach vorne oder hinten kippt.

7. Setze den Vogelkörper mit den überstehenden Nagelenden auf die Astgabeln. Wenn die Dose mit Regen-wasser voll ist, kippt der Vogel nach vorne. Wenn die Dose leer ist, richtet sich der Vogel wieder auf.

Regenvogel

Langbeinig stelzt er durch das
Schilf und lauscht auf den Wind.
Ob er Regenwolken bringt?

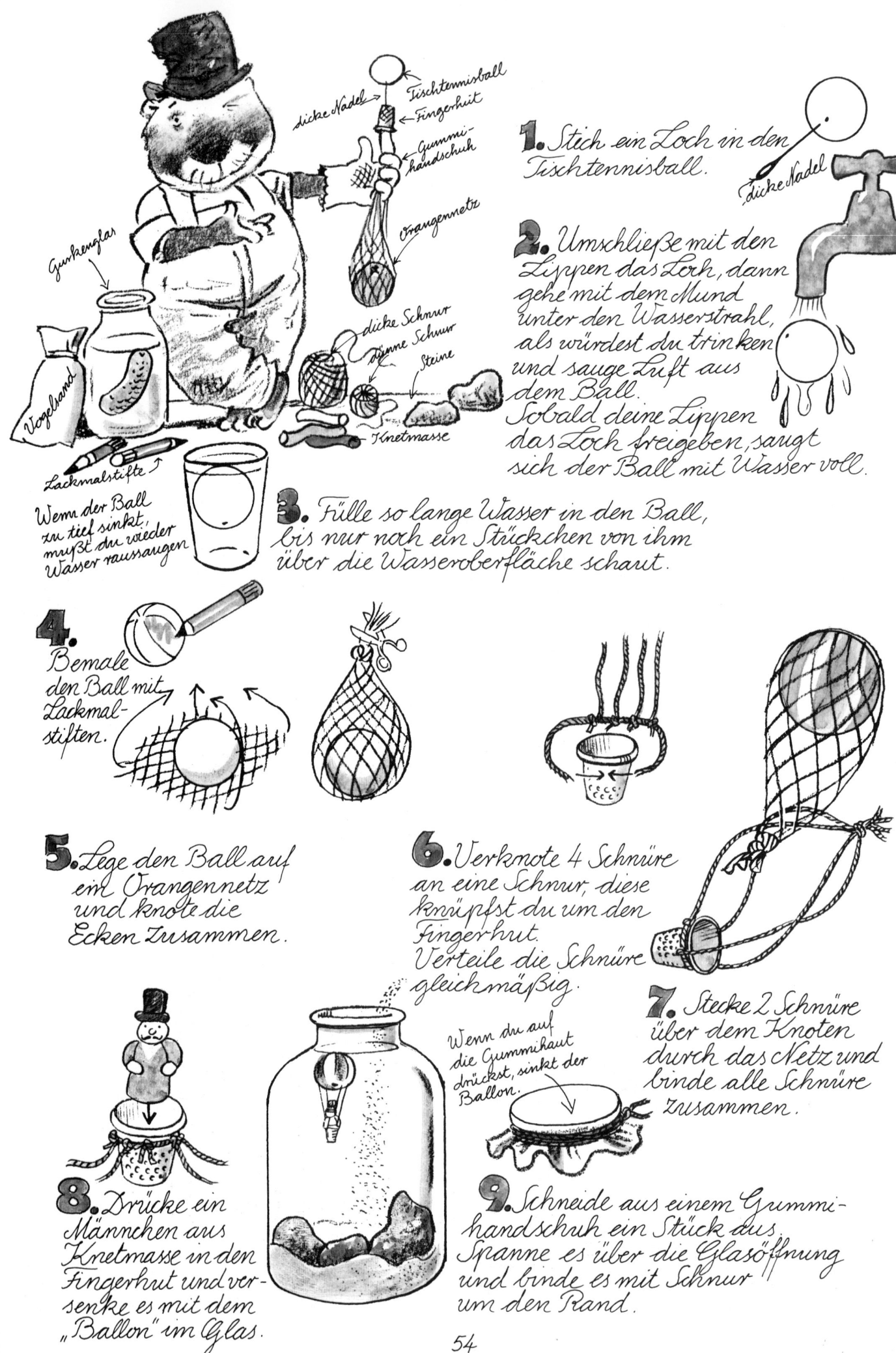

1. Stich ein Loch in den Tischtennisball.

2. Umschließe mit den Lippen das Loch, dann gehe mit dem Mund unter den Wasserstrahl, als würdest du trinken und sauge Luft aus dem Ball.
Sobald deine Lippen das Loch freigeben, saugt sich der Ball mit Wasser voll.

3. Fülle so lange Wasser in den Ball, bis nur noch ein Stückchen von ihm über die Wasseroberfläche schaut.

4. Bemale den Ball mit Lackmalstiften.

5. Lege den Ball auf ein Orangennetz und knote die Ecken zusammen.

6. Verknote 4 Schnüre an eine Schnur, diese knüpfst du um den Fingerhut. Verteile die Schnüre gleichmäßig.

7. Stecke 2 Schnüre über dem Knoten durch das Netz und binde alle Schnüre zusammen.

8. Drücke ein Männchen aus Knetmasse in den Fingerhut und versenke es mit dem „Ballon" im Glas.

9. Schneide aus einem Gummihandschuh ein Stück aus. Spanne es über die Glasöffnung und binde es mit Schnur um den Rand.

Labels on illustration: Tischtennisball, dicke Nadel, Fingerhut, Gummihandschuh, Orangennetz, Gurkenglas, dicke Schnur, dünne Schnur, Steine, Knetmasse, Vogelsand, Lackmalstifte

Wenn der Ball zu tief sinkt, mußt du wieder Wasser raussaugen.

Wenn du auf die Gummihaut drückst, sinkt der Ballon.

dicke Nadel

Flaschenballon

Auf und ab zu fliegen ist Herrn Roberts
ganze Leidenschaft. Gerne landet er dabei
im weichen Wüstensand.

Zeichenpapier

Kerzenreste

Karton

Wasserfarben

Stövchen

Halte die Schnur hier fest

Schnur

45 cm

1. Schneide so den Rock für das Windlicht aus.

1x   2x   3x

Falten nach außen drücken!

2. Falte den Rock 3x in der Mitte zusammen und drücke die Falten nach außen.

3. Male ein Muster auf den Rock.

Farben wässrig nehmen, damit sie hell durch leuchten!

Karton

5. So schneide die Lichterfrau aus.

4. Übermale den gemusterten Rock mit flüssigem Wachs: Dadurch wird er durchscheinend und steif.

Sobald das Wachs raucht, ist es flüssig genug zum Auftragen.

zu einem Ring kleben

Stövchen mit Teelicht

6. Laß den Rock hinten etwas offen und stelle ein Teelicht in die Mitte.

Lichterfrauen

Wenn die Sonne hinter den Bäumen
versinkt, beginnen die Lichterfrauen
über die Felder zu tanzen.

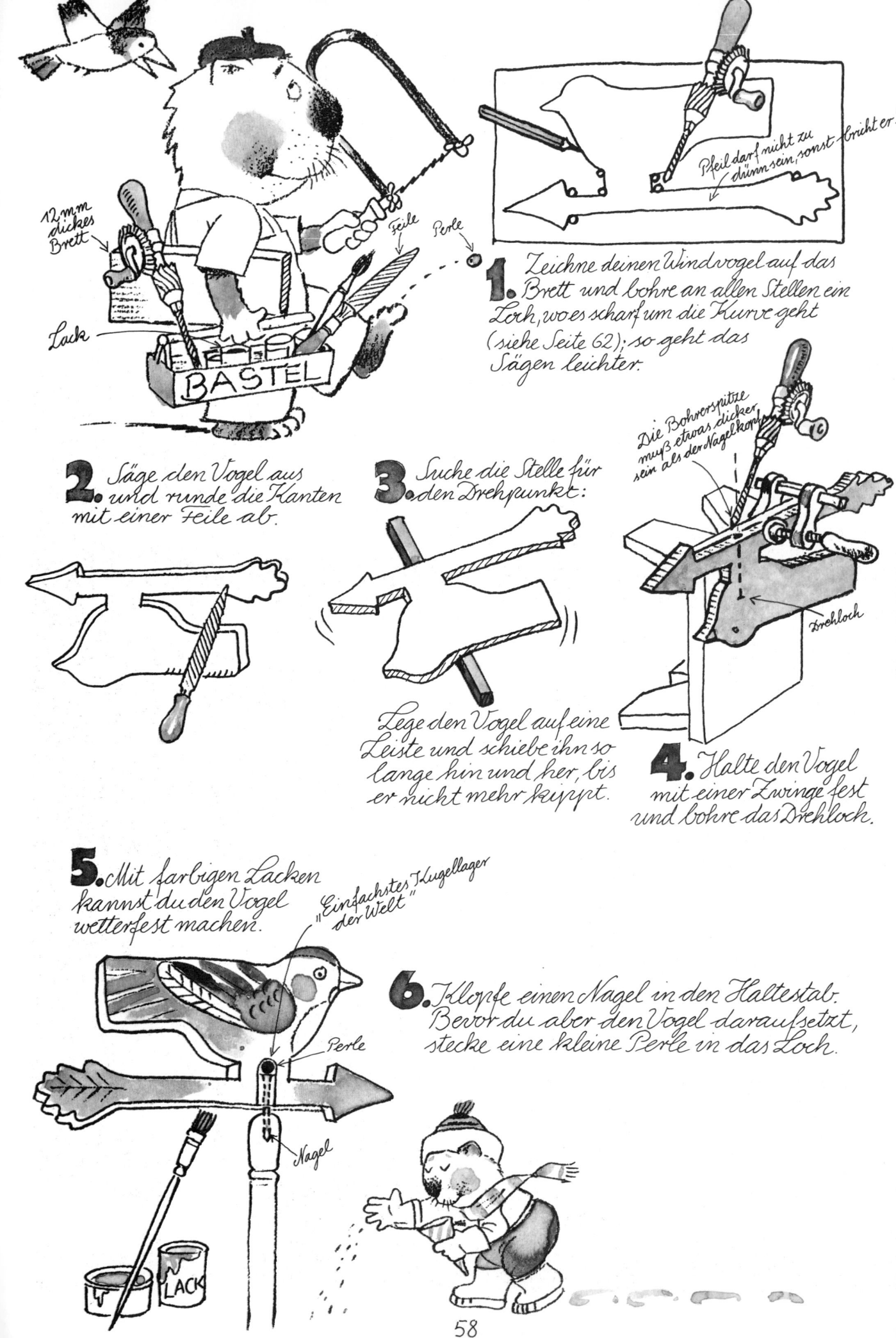

12 mm dickes Brett

Lack

Feile

Perle

Pfeil darf nicht zu dünn sein, sonst bricht er!

1. Zeichne deinen Windvogel auf das Brett und bohre an allen Stellen ein Loch, wo es scharf um die Kurve geht (siehe Seite 62); so geht das Sägen leichter.

2. Säge den Vogel aus und runde die Kanten mit einer Feile ab.

3. Suche die Stelle für den Drehpunkt:

Lege den Vogel auf eine Leiste und schiebe ihn so lange hin und her, bis er nicht mehr kippt.

Die Bohrerspitze muß etwas dicker sein als der Nagelkopf

Drehloch

4. Halte den Vogel mit einer Zwinge fest und bohre das Drehloch.

5. Mit farbigen Lacken kannst du den Vogel wetterfest machen.

"Einfachstes Kugellager der Welt"

Perle

Nagel

LACK

6. Klopfe einen Nagel in den Haltestab. Bevor du aber den Vogel daraufsetzt, stecke eine kleine Perle in das Loch.

Schneehaubenlerche

Sie ist kein Zugvogel und fliegt im Herbst nicht fort. Auch im Winter bleibt sie auf ihrer Stange sitzen und zeigt, woher der Wind weht.

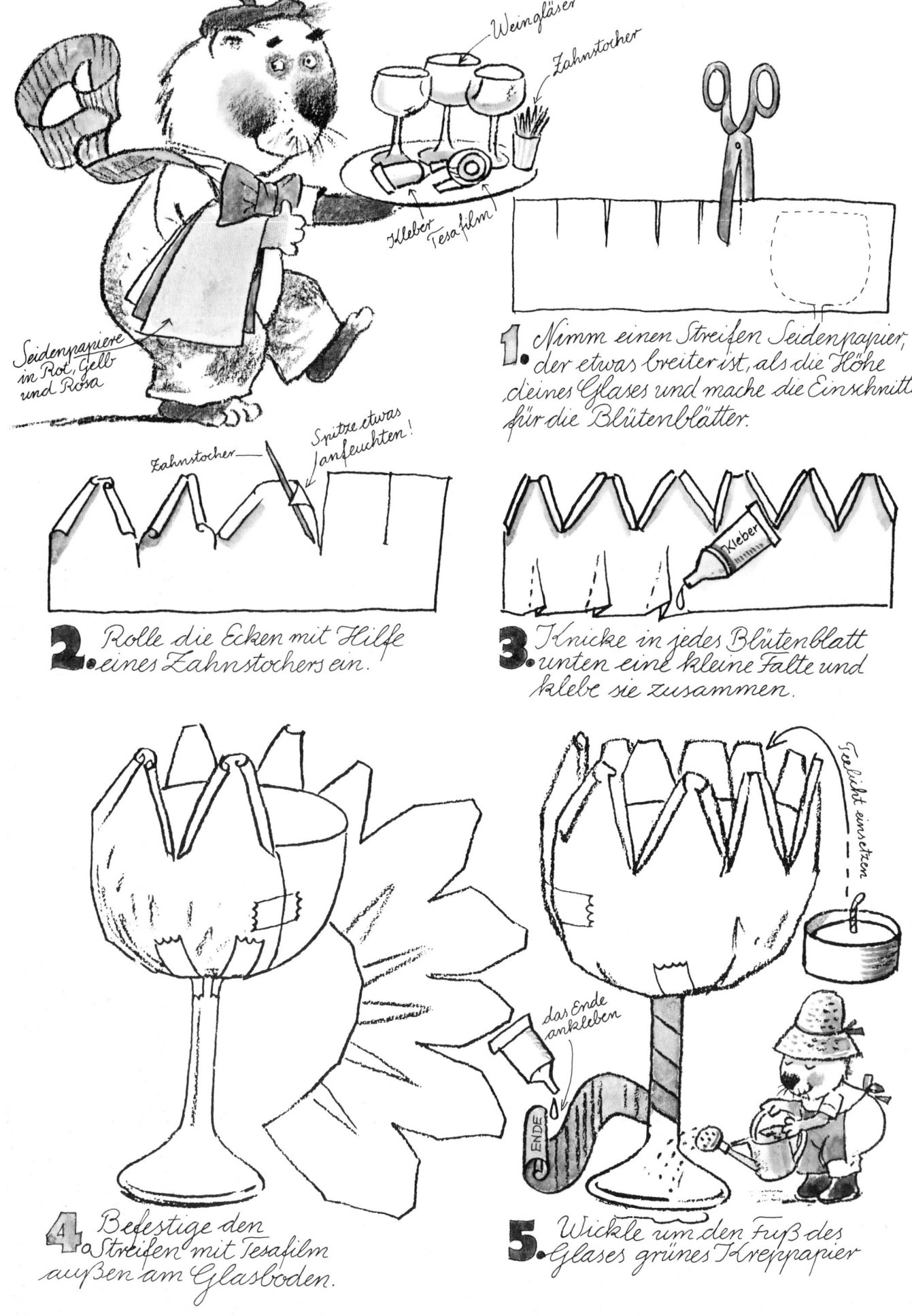

Weingläser

Zahnstocher

Seidenpapiere in Rot, Gelb und Rosa

Kleber   Tesafilm

1. Nimm einen Streifen Seidenpapier, der etwas breiter ist, als die Höhe deines Glases und mache die Einschnitte für die Blütenblätter.

Zahnstocher —   Spitze etwas anfeuchten!

2. Rolle die Ecken mit Hilfe eines Zahnstochers ein.

Kleber

3. Knicke in jedes Blütenblatt unten eine kleine Falte und klebe sie zusammen.

4. Befestige den Streifen mit Tesafilm außen am Glasboden.

Teelicht einsetzen

das Ende ankleben

ENDE

5. Wickle um den Fuß des Glases grünes Kreppapier

60

Schneetulpen
Sie glühen in kalten Winternächten
in den verschneiten Blumenkästen
auf dem Balkon.

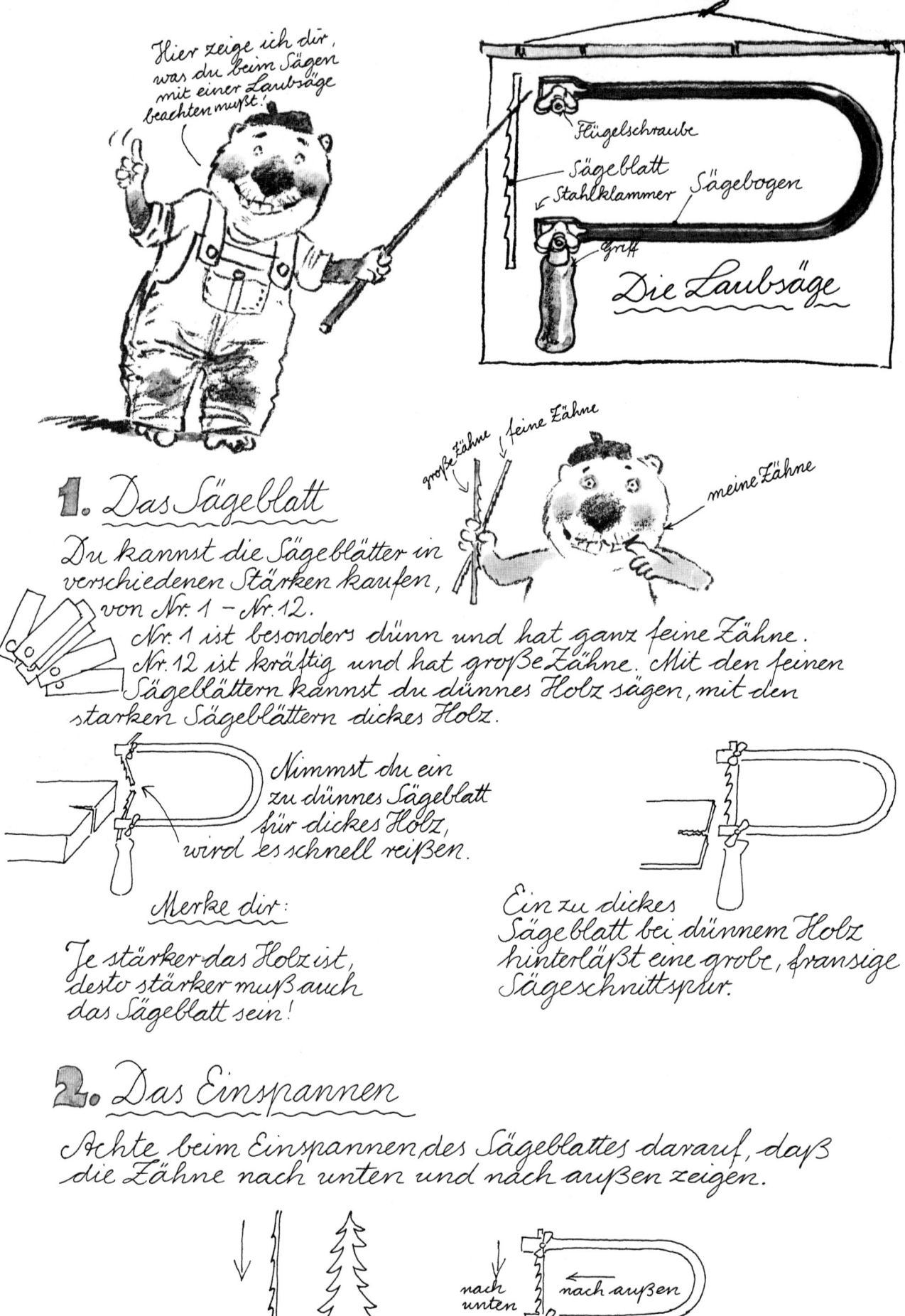

Hier zeige ich dir, was du beim Sägen mit einer Laubsäge beachten mußt!

Flügelschraube
Sägeblatt
Stahlklammer
Sägebogen
Griff

Die Laubsäge

1. Das Sägeblatt

große Zähne   feine Zähne   meine Zähne

Du kannst die Sägeblätter in verschiedenen Stärken kaufen, von Nr. 1 – Nr. 12.

Nr. 1 ist besonders dünn und hat ganz feine Zähne. Nr. 12 ist kräftig und hat große Zähne. Mit den feinen Sägeblättern kannst du dünnes Holz sägen, mit den starken Sägeblättern dickes Holz.

Nimmst du ein zu dünnes Sägeblatt für dickes Holz, wird es schnell reißen.

Merke dir:

Je stärker das Holz ist, desto stärker muß auch das Sägeblatt sein!

Ein zu dickes Sägeblatt bei dünnem Holz hinterläßt eine grobe, fransige Sägeschnittspur.

2. Das Einspannen

Achte beim Einspannen des Sägeblattes darauf, daß die Zähne nach unten und nach außen zeigen.

nach unten   nach außen

wie bei einem Tannenbaum

Lege das glatte Ende des Sägeblattes zwischen die Klammerbacken <u>oben</u> und schraube die Flügelschraube zu.
Bevor du das Sägeblatt auch unten festschraubst, mußt du den Bogen etwas zusammendrücken, damit das Sägeblatt gespannt wird.

B. Das Sägen

Verwende zum Laubsägen am besten Sperrholz. Du bekommst es meistens von 3mm bis 16mm Stärke zu kaufen. Lege dein Brett zum Aussägen auf ein „Sägetischchen". Es wird mit einer dazugehörigen Zwinge an eine Tischkante geklemmt und verhindert, daß du versehentlich in die Tischplatte sägst.

r. Sägetischchen

Dann halte dein Brett mit einer Hand fest. Ziehe das Sägeblatt von oben nach unten durch das Holz. Drücke nicht nach vorne!

Kippe beim Hochschieben den Laubsägebogen ganz leicht nach hinten. Wenn du die Zähne des Sägeblattes ab und zu durch ein Stück Seife ziehst, geht das Weitersägen wie „geschmiert", und das Sägeblatt reißt nicht so schnell!

Hier läßt sich das Sägeblatt leicht drehen.

Mußt du um eine scharfe Ecke sägen, drehe die Säge nicht sofort in die neue Richtung, das Sägeblatt verwindet sich und reißt! Säge zuerst auf einem Punkt mehrmals rauf und runter und drehe das Sägeblatt dabei ganz allmählich in die gewünschte Richtung.
Bei dickem Holz geht es leichter um die Ecken, wenn du Löcher an den entsprechenden Stellen vorbohrst.

Nach dem Sägen nimm das Sägeblatt wieder aus dem Bogen heraus. Mit einer Flachzange kannst du die Flügelschrauben ganz leicht aufdrehen.

Servus,
mach's gut und –
säge dir nicht in
den Finger!
Dein Bastel

Hast du noch mehr Lust zum Basteln, Spielen und Selbermachen? Hier findest du 12 andere Bücher mit tollen Ideen.

Sabine Lohf
Das hab ich selbst gemacht
ISBN 3-473-**37426**-1

Sabine Lohf
Ich bau mir was zum Spielen
ISBN 3-473-**37449**-0

Sabine Lohf
Has, Has, Osterhas
ISBN 3-473-**37481**-4

Sabine Lohf
Himmelsleiter und so weiter
ISBN 3-473-**37446**-6

Günter Köhler
Meine Kamera ist immer dabei
ISBN 3-473-**37448**-2

Dorothée Kreusch-Jacob
Mein Instrument mach ich mir selber
ISBN 3-473-**37483**-8

Stefan Lemke
Das verrückte Bastelbuch
ISBN 3-473-**37443**-1

Stefan Lemke/
Marie Luise Lemke-Pricken
Das kannst du auch
ISBN 3-473-**37444**-X

Martin Michalski/Stefan Lemke
Jetzt kann ich zaubern
ISBN 3-473-**37447**-4

Brigitte Corell
Das schenk ich dir
ISBN 3-473-**37455**-5

Hannelore Schäl/Sabine Lohf
Ich mach was mit Wolle
ISBN 3-473-**37445**-8

Hannelore Schäl/Ulla Abdalla
Spielsachen aus Ton
ISBN 3-473-**37442**-3